Certificação Linux Lpic 102 - Administrator

Guia Para o Exame LPIC-102 – Versão Revisada e Atualizada

Uirá Ribeiro

ISBN 978-17-129129-8-0

Agradecimentos

O paradoxo dos agradecimentos é quase impossível de ser completo e aceitavelmente breve.

No sagrado mistério da vida, cada coração possui no Infinito a alma gêmea da sua, companheira divina para a viagem à gloriosa imortalidade. Agradeço à minha alma de minhalma Carla Cruz, por tecer-me a felicidade em sorrisos de esplendor.

Ao meu "pequeno" grande amigo, meu filho, Arthur. Que torna todos os momentos mais doces e engraçados.

Ao amigo Jon "Maddog" Hall, que tão gentilmente me honrou ao escrever o prefácio deste livro.

Aos milhares de programadores e pessoas que dão o melhor de si ao desenvolverem soluções OpenSource adequadas, tornando a vida em sociedade cada vez melhor.

Ao companheirismo e apoio das diversas pessoas que foram cruciais em diversas ocasiões, a minha gratidão.

A Deus, pela força, pela saúde, pelo pão nosso de cada dia e pela fé.

Uirá Endy Ribeiro

Belo Horizonte, 06 de Setembro de 2019

Sobre o Autor

Uirá Endy Ribeiro é formado em processamento de dados, pós-graduado em telecomunicações e Mestre em Sistemas Distribuídos.

Uirá é especialista em telecomunicações, redes de comutação de pacotes, Voz sobre IP, gateways de acesso remoto, gatekeepers, ATM, Roteadores Mid-Range, MAX TNT e APX8000. Também é fluente em sistemas UNIX SCO, Sun, Linux, Cisco OS, Firewall-One, nos protocolos TCP/IP, BGP-4, H.323, SS7, H.248, Megaco e em desenvolvimento de aplicações em C#, C++, PHP, Python, Unixshell, MySQL e Oracle.

Trabalhou como Engenheiro na Lucent Technologies com centrais de tecnologia Softswitch de voz sobre IP. Responsável pelo primeiro teste de voz sobre IP na Telefonica em São Paulo utilizando protocolos G.729, G.723, Fax sobre IP e convergência de dados em redes de comutação. Também participou do consórcio de interoperabilidade de redes voz sobre IP entre a Lucent e Alcatel no Chile e em NY nos Estados Unidos.

Foi diretor da Ecobusiness School, escola de pós-graduação em meio ambiente, quando desenvolveu uma plataforma de ensino a distância integrada com controle acadêmico.

Foi diretor acadêmico da Universidade Salgado de Oliveira, campus Belo Horizonte, responsável por 16 cursos de graduação e uma equipe de 170 professores. Também trabalhou como diretor de TI de todo o grupo Salgado de Oliveira, responsável pela informática de 9 unidades de ensino espalhadas pelo Brasil. Hoje dirige o campus de Belo Horizonte, com 10 cursos e 90 professores.

Há 15 anos mantém o site www.certificacaolinux.com.br com vários cursos OpenSource e preparatório para os exames da LPI e CompTIA, com mais de 9 mil alunos.

Também é autor do livro "Sistemas Distribuídos: desenvolvendo aplicações de alta performance no Linux", "Metodologia Científica: teoria e prática", "TCC - Trabalho de Conclusão de Curso", "Certificação Linux" e "37 Hábitos dos Professores Altamente Eficazes".

Prefácio

Saudações,

Se você está lendo estas palavras, é porque você, provavelmente, tomou várias decisões.

Em primeiro lugar, você, provavelmente, conhece algo sobre o movimento de Software Livre no Brasil, e sua importância para a economia de seu país. Você, provavelmente, já percebeu que existe uma disponibilidade de código-fonte de projetos como GNU e o Linux Kernel, através dos quais você pode adequar o sistema operacional para melhor se enquadrar às suas necessidades ou às necessidades de seu empregador.

Em segundo lugar, você pode estar usando Linux em seu PC em casa, ou talvez você seja um administrador de um sistema como Solaris, AIX, HP/UX, ou algum outro sistema de propriedade Unix e, logo, você começou a usar Linux no trabalho. Ou ainda, você se sente pronto para trabalhar em uma empresa que trabalha com o sistema Linux em tempo integral.

Em terceiro lugar, você pode ter olhado em um jornal e percebeu que alguns anúncios de emprego já estão exigindo que o candidato tenha "Certificação de LPI", e você deseja saber o motivo de tal requisito. Afinal de contas, você já sabe como manter um sistema de Linux!

Quando eu comecei em informática, trinta e cinco anos atrás, as coisas eram muito, mas muito mais simples do que elas são hoje. Um programador só precisava saber como perfurar cartões e como escrever na linguagem FORTRAN (ou COBOL). Não havia Internet ou vírus, somente interfaces gráficas pobres, e a memória principal era medida em kilobytes, nada de megabytes ou gigabytes. Na realidade, nem sequer existia algum título oficial para o cargo que temos hoje de "administrador de sistemas", uma vez que cada sistema era executado por "operadores" que se preocupavam com uma máquina específica, e não com a interatividade de várias máquinas que trabalham em conjunto.

Hoje, nós temos que nos preocupar com segurança, tráfico de rede e tabelas de rotas, subnets, e demais assuntos de rede. Temos que controlar migração de dados e de programas de um sistema para o outro, e a interoperabilidade de várias redes e protocolos. Nós temos que ser capazes de planejar o crescimento, além de resolver problemas. É a partir dessas necessidades que se originaram as tarefas e o título de "Administrador de Sistemas."

Em reconhecimento ao crescimento fenomenal do sistema operacional GNU/ Linux, o Linux Professional Institute, uma organização sem fins lucrativos sediada no Canadá, estipulou uma série de qualificações que um administrador de sistemas Linux deve possuir. Eles também criaram testes com o intuito de verificar se essas atribuições são dominadas pelo administrador em questão.

Assim, se o administrador dominar uma média predefinida desses requisitos, então ele, provavelmente, possui o conhecimento necessário para administrar sistemas de GNU/Linux. Mantendo o espírito de Software Livre, o instituto publicou os objetivos dos testes em seu site, de modo que diferentes métodos de estudo podem ser desenvolvidos.

Este livro é um exemplo de um método de treinamento para lhe ajudar a alcançar este nível de conhecimento.

O conhecimento de sistemas de GNU/Linux por si só não desenvolve um mestre em administração de sistemas, mas, para o gerente que está contratando, ter alguém que passou no teste LPI lhe dá a segurança de que o mesmo está contratando um administrador com um desempenho adicional e medido através da certificação.

Claro que o contratante também pode conferir o potencial do candidato com seus ex-empregadores ou professores. E por que também não verificar as realizações prévias do empregado como listado em seu currículo? Mas o fato do candidato ter sido aprovado nos exames de LPI assegura para o empregador que o candidato em questão, com certeza, se trata de um BOM administrador de sistemas GNU/Linux.

Para aqueles que desejam estudar e desenvolver uma carreira em Administração de Sistemas, por favor, sinta-se seguro ao utilizar os objetivos listados para cada um dos exames LPI e os veja como um bom guia de estudo com as informações que você deve saber. Pois eles foram desenvolvidos para administradores de sistemas e por administradores de sistemas. Assim, mesmo que você não tenha a intenção de fazer os exames de LPI formalmente, saiba que este material lhe tornará um melhor administrador de sistemas.

Finalmente, dê as boas-vindas a este livro, pois se trata de um guia relativamente barato para estudar e alcançar a sua meta de se tornar um administrador de sistemas GNU/Linux certificado.

Não será o fim de sua aprendizagem, mas um BOM começo.

Meus cumprimentos,

Jon "Maddog" Hall

Diretor executivo Linux International

Como aproveitar este livro o máximo

Este livro possui uma série de exemplos de comandos. Convencionou-se que os comandos que iniciam com "$" são aqueles que podem ser executados com um usuário comum no Linux.

Já os comandos que iniciam com "#", são aqueles que precisam de permissões do super-usuário root para serem executados. Portanto, se você for testar estes comandos, você precisa estar logado como root, ou então usar o comando "sudo" antes do comando indicado no exemplo.

Alguns comandos podem aceitar algum parâmetro ou opção como opcional. Quando isso acontecer, o livro vai apresentar o parâmetro entre chaves [ ] para indicar que é opcional.

É possível que ao tentar rodar um determinado comando ou ver o conteúdo de um determinado arquivo você depare com algum erro. Isto é porque nem todos os comandos ou arquivos podem estar instalados como padrão na distribuição Linux que você escolheu para estudos. Isto não significa que o livro está errado, ou que o comando não existe, mas simplesmente que o comando ou arquivo em questão não está instalado. Então você deve instalar o software usando o gerenciador de pacotes adotado pela distribuição que você está utilizando.

Também é possível que haja pequenas variações nos caminhos dos arquivos indicados no livro. Isto é um problema oriundo da distribuição que você escolheu que não seguiu o padrão definido pelo Linux Standard Base (LBL).

Como a prova da LPI é neutra, ela segue naturalmente o padrão Linux Standard Base, que é o indicado para as distribuições seguirem. Este livro usa as convenções adotadas pela LPI e a Linux Stardard Base.

Para os amantes do Ubuntu, lamento dizer, mas o ele é muito bom em não seguir a risca o Linux Standard e trocar as coisas de lugar.

Este livro também tem vídeos sobre os comandos exemplificados, para você ver o uso do comando em questão em ação. Para ver os vídeos use seu celular com o aplicativo da câmera ou aplicativo de ler QR-Code.

Sumário

Introdução

"A melhor cura para o amor é ainda aquele remédio eterno: amor retribuído."
Nietsche

Sempre existiu e vai existir uma lacuna no mercado de TI: os profissionais que saem das faculdades nem sempre estão preparados para aquilo que o mercado quer e precisa. Ainda mais no mercado de TI, onde a velocidade é muito grande e as tecnologias mudam e se aprimoram a cada 6 meses.

Desta maneira, a indústria de TI, formada por grandes empresas, como IBM, HP, SuSe, Microsoft, Cisco, Intel, RedHat, Apple, dentre outras, se reuniram através de associações ou programas próprios de certificações para preencher essa lacuna no mercado de profissionais capazes de trabalhar com eficácia nas suas plataformas, equipamentos e tecnologias.

Duas grandes organizações reconhecidas mundialmente para cumprir esse papel de certificar os profissionais de TI são a CompTIA e a LPI.

A LPI surgiu em 1999 com o objetivo de criar uma certificação independente da distribuição Linux, de forma que seus profissionais certificados estão aptos a trabalhar com qualquer versão de Linux. O LPI conta com três níveis de certificação: LPIC-1, LPIC-2 e LPIC-3. Cada nível pretende certificar um profissional apto a desempenhar tarefas que devam ser executadas com um crescente grau de dificuldade e complexidade.

A CompTIA tem um programa de certificação há 25 anos mais abrangente, que abraça diversas tecnologias, não só o Linux.

Em 2012, essas duas organizações resolveram unir suas forças no mundo Linux para criar uma certificação dupla, de forma que o profissional que se certificava no CompTIA Linux+ Powered by LPI, recebia o certificado da CompTIA, e também o certificado da LPI, LPIC-1. Isso fui muito bom para o mercado de Linux até outubro de 2019. Nesta data este acordo foi dissolvido, e a CompTIA criou seu próprio exame de Linux+, composto por uma só prova, o exame XK0-004, que não é abordado neste livro.

A Certificação, além de ser um grande incentivo, garante a entrada e sustentabilidade dos técnicos no mercado de trabalho capazes de realizar tarefas no Linux. Desta forma, as duas provas da LPI 101 e 102 foram desenvolvidas para certificar a competência do sistema de administração usando o sistema operacional Linux e suas ferramentas associadas. Foi desenvolvido para ser neutro em termos de distribuição, seguindo o Linux Standard Base entre outros padrões e convenções relevantes.

As provas da certificação LPI seguem com nome de LPIC-101 e LPIC-102, na sua versão 5. Para ser certificado nível 1 da LPI é necessário ser aprovado em ambos os exames.

Se você está lendo esse livro, com certeza quer ter uma certificação de peso reconhecida internacionalmente no seu currículo e no seu cartão de visitas. O mercado de software livre está em crescimento e à procura de profissionais certificados. E isso é ótimo para você, sua carreira e também seu bolso.

A primeira edição deste livro, publicado em 2005, foi aclamada como o melhor livro de estudos para a certificação LPI pela comunidade do BR-LINUX. Este sucesso é fruto de muito trabalho e empatia da comunidade Linux. Este livro é a continuação deste esforço, já na sua 5 edição.

Este é um livro de Linux objetivo, didático e focado nos temas das provas da LPI nível LPIC-102, na última versão da prova. Você irá encontrar exatamente aquilo que precisa estudar e na medida certa para o exame. Há um outro volume deste livro disponível com os temas da prova LPIC-101.

E, para cumprir com os objetivos, é preciso que você saiba todos os tópicos das provas 101 e 102.

Os tópicos de cada prova da certificação da LPIC nível 1 são:

PROVA 101:

- Tópico 101 - Arquitetura do Sistema;
- Tópico 102 - Instalação do Linux e Administração de Pacotes;
- Tópico 103 - Comandos GNU e UNIX;
- Tópico 104 - Dispositivos e Sistema de Arquivos.

PROVA 102:

- Tópico 105 - Shell, Shell Scripts e Gerenciamento de Dados;
- Tópico 106 - Interface de Usuário e Desktop;
- Tópico 107 - Tarefas Administrativas;
- Tópico 108 - Serviços Essenciais do Sistema;
- Tópico 109 - Fundamentos e Serviços de Rede;
- Tópico 110 - Segurança e criptografia

Ambos os exames tem 90 minutos de duração e aproximadamente 60 questões. Cerca de 75% das questões são de múltipla escolha onde existe somente uma opção correta. Algumas irão apresentar um cenário onde alguma medida administrativa precisa ser tomada e em outras se pergunta qual o comando apropriado para uma determinada tarefa.

Outros 10% das questões são de múltipla escolha com mais de uma opção correta. Este tipo de questão é sem dúvida mais difícil porque apenas uma opção incorreta invalida toda a questão.

Este exame irá testar seu conhecimento teórico, comandos e suas opções comuns, localização de arquivos importantes, sintaxe de configurações e procedimentos mais usados. Uma vez que você tenha conseguido solidificar os conceitos básicos do sistema operacional, esta não será uma prova difícil e geralmente não existem questões com respostas ambíguas ou maldosas.

Os exames não tem a intenção de fazer perguntas de dupla interpretação e nem maldosas, mas os tópicos abordados são mais complexos e exigem maior experiência do candidato. Uma atenção especial deve ser dada nos tópicos relativos a segurança.

Como Marcar a Prova?

Há duas maneiras de se prestar os exames da LPI: uma com exames em papel, com hora e local definidos pelo aplicador da prova. Outra com exame aplicado no computador, com hora e local definidos pelo candidato. Pessoalmente eu prefiro marcar a prova em computador, em um centro Pearson Vue. Primeiro porque quase sempre existirá um centro de aplicação próximo de você e é você quem agenda a prova.

Onde encontrar um Centro PearsonVue?

Escolha pelo site deles: http://www. pearsonvue.com. Selecione "TEST TAKERS". Depois Digite LPI no Box que irá aparecer. Então você poderá clicar no botão "Find a Test Center" e digitar o nome da sua cidade.

Como é o ambiente da prova?

A prova feita pelo computador é simples. Este computador fica em uma pequena sala fechada e isolada do som e distrações, como um biombo pequeno. Você não pode levar nada. Deve deixar celular, agenda, papel, tudo guardado. Eles vão te dar papel, lápis e um dicionário inglês-português se a prova for em inglês. Qualquer movimentação estranha eles anulam seu teste. Você também será filmado por uma webcam durante o exame para garantir que ele foi devidamente aplicado e nada anormal ocorreu. Os exames aplicados pela PearsonVue foram reconhecidos mundialmente por sua segurança e por serem à prova de fraudes.

Outro detalhe importante da prova em computador é que, se você errar alguma questão de algum tópico, o computador seleciona mais questões do mesmo tópico para testar ainda mais seus conhecimentos sobre o tema. Isto tem um lado bom e outro ruim. O lado bom é que, se você tiver errado de "bobeira", terá outra chance de redimir seu erro. Mas se você de fato não estiver devidamente preparado para o tema, estará lascado.

A Importância de Fazer Exercícios

O cérebro é um "músculo". Quanto mais exercitado, mais forte e resistente ele fica. Mais conexões sinápticas ele será capaz de fazer e responder ao ambiente de forma apropriada. Portanto, faça muitos exercícios sobre os tópicos. Exercite os comandos. Veja suas opções e argumentos. Teste as funcionalidades de cada um deles.

Muitas pessoas me perguntam sobre qual distribuição de Linux é a mais adequada para a certificação, testar os comandos, etc. Eu sempre respondo: aquela que você gostar mais. Diferentemente das outras certificações de Linux, LPI preza pela independência das distribuições e neutralidade. A prova é focada em LINUX, seja ele qual for.

De forma que toda configuração e manejo do servidor são feitos com comandos no Shell e diretamente nos arquivos de configuração. Isto é muito bom porque o profissional fica experiente em qualquer Linux e não fica viciado em alguma ferramenta amigável.

Mas existe alguma que eu indico? Sim. Mas se trata de minha opinião pessoal. Eu gosto do

Open-SuSE. É uma distribuição muito estável, feita por alemães que prezam muito pela obediência completa aos padrões do Linux Standard Base. Os comandos, arquivos e estrutura são exatamente como manda o figurino.

Só um detalhe importante: você precisará se familiarizar com os gerenciadores de pacote Debian e RedHat. E geralmente uma distribuição adota um OU outro. E para preparar-se para a prova é bom você estar afiado nos dois modelos. Portanto, escolha uma distribuição baseada em Debian e outra em RedHat.

Aprendendo de Acordo com o Funcionamento do seu Cérebro

Você também precisa se conhecer um pouco para que o aprendizado seja efetivo. Nossa mente trabalha basicamente com 3 tipos de estilos de aprendizagem: físico, visual e linguístico/sonoro. Como você fixa melhor aquilo que aprendeu?

Veja como são estes estilos e tente se identificar neles:

Físico

As pessoas com estas características são os inquietos, são os fuçadores, os desmontadores de equipamentos e brinquedos, os que querem saber como funciona e ver por dentro, os que não conseguem ficar sossegados em seu lugar.

Eles são pessoas que não conseguem ficar sentadas por muito tempo. Eles simplesmente raciocinam melhor quando seus corpos estão em movimento, balançando o corpo entre uma perna e outra, para frente e para trás. Eles interagem melhor com o mundo através do contato manual e corporal. Os "Aprendizes" físicos adoram esportes, inventar, construir e dançar.

Quando estão aprendendo ou adquirindo capacitação acadêmica, essas pessoas se beneficiarão mais com atividades de expressão corporal, manipulando e tocando objetos, realizando exercícios, etc.

Dicas para você aprender melhor:

- Realize seus estudos com montagens e construções de objetos e simulações;
- Inclua aulas virtuais em computadores;
- Alterne seções teóricas e práticas durante o estudo.

Linguístico / Sonoro

São aquelas pessoas que vivem cantando ou entoando algum som mesmo com a boca fechada, os cantores e aqueles descritos com tendo um ouvido musical. Veem sons em tudo. Eles podem não ser os melhores cantores ou músicos, mas eles têm uma habilidade natural para interagir e entender os sons, musicais ou não.

Sua relação com o mundo é através dos sons e ritmos sonoros. As atividades que podem ser mais proveitosas para elas são ouvir músicas, tocar instrumentos, interpretar sons e cantar.

Quando estão aprendendo ou adquirindo capacitação acadêmica, essas pessoas se beneficiarão mais escrevendo letras e canções para músicas, tocando instrumentos para acompanhar seus trabalhos ou de outros, ou desenvolvendo projetos de multimídia.

Dicas para você aprender melhor:

- Tente transformar aquilo que você está aprendendo em música;
- Grave aquilo que está aprendendo para escutar depois;
- Utilize música agradável durante os estudos.

Visual

Estas pessoas são os modernos Picassos e Renoirs, os grafiteiros e rabiscadores, e indivíduos que têm um talento natural para as cores e para harmonizar ambientes. Os indivíduos Visuais parecem ter um senso artístico que faz com que tudo que criem pareça agradável aos olhos. Sua relação com o mundo é através de pinturas e imagens. As atividades que podem ser mais proveitosas para elas incluem pintura, escultura e a criação de artes gráficas.

Quando estão aprendendo ou adquirindo capacitação acadêmica, essas pessoas se beneficiarão mais com desenho e criação de diagramas, inclusive gráficos, leitura cartográfica, criação de mapas ou realizando demonstrações.

Dicas para você aprender melhor:

- Crie apresentações multimídia;
- Utilize interpretação de mapas, diagramas e gráficos;
- Use e abuse de ilustrações, gráficos, slides, filmes etc.

Uma vez que você tenha se identificado em pelo menos um destes estilos, faça uso das potencialidades do seu cérebro. Isso facilita seu aprendizado.

Esquema Espinha de Peixe

Você talvez possa conhecer esse artifício de estudos chamado Mapa Mental, ou esquema de espinha de peixe. Ele é muito útil, pois além de ser visual, ajuda a organizar as idéias de uma forma muito prática para memorização. Na entrada dos capítulos será apresentado um esquema de mapa mental dos temas daquele tópico.

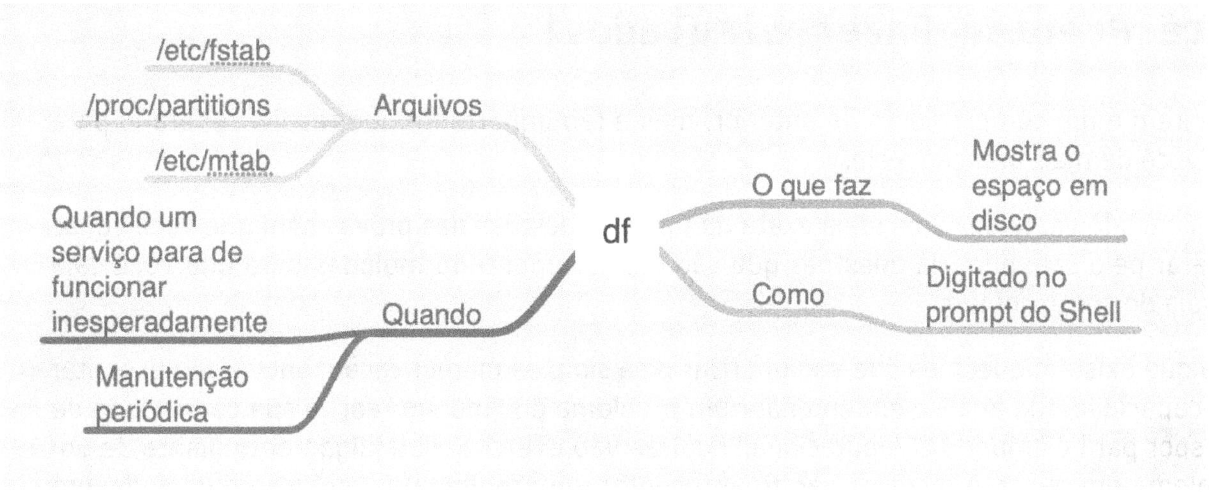

Figura 1 – Esquema Espinha de Peixe

Como exercício, execute cada comando de cada tópico pelo menos mais de uma vez, exercitando as possíveis situações. Faça as seguintes perguntas para cada comando estudado:

- Para que serve este comando?
- Como ele é usado?
- Quando ele é usado?
- Quais arquivos ele afeta?

Eu sugiro que você faça um esquema de espinha de peixe para os comandos, de forma que você trabalhe com todas as potencialidades de aprendizado do seu cérebro: visual, físico, e leia o texto em voz alta para também exercitar o lado sonoro.

Neste tipo de esquema atente a pelo menos dois tipos de estilo de aprendizagem: o físico pois você está fazendo movimentos ao escrever; visual pois você está fazendo um diagrama. Também ajuda na lógica e memorização pois você está categorizando a informação em COMO, O QUE, QUANDO e ARQUIVOS. Se possível compre fichas pautadas 10x15cm que são excelente para fazer consultas rápidas e podem te ajudar na memorização.

Tente imaginar as situações em que os comandos são usados e teste os diversos tipos de opções que eles têm. Isto é importante porque uma opção de um comando pode inverter o resultado.

Por exemplo, o comando "grep uira texto.txt" vai filtrar todas as ocorrências da palavra "uira" no arquivo texto.txt. Já o grep com a opção "-v" inverte, de forma que o comando irá mostrar todas as linhas que não têm a palavra "uira" no texto.txt.

Você pode recorrer aos manuais "MAN" dos comandos de cada tópico. Eles têm informações importantes que o programador que desenvolveu o software deixou ali de forma especial para você. Vários comandos também tem os vídeos demonstrando seu uso, que podem ser acessados através do QR-CODE.

Você Precisa Fazer Simulados!

Este item é um complemento do anterior, mas é tão importante que resolvi separá-lo para que você dê mais atenção a ele.

Um simulado vai te dar uma ideia exata do tipo de questões das provas com que você vai se deparar pelo caminho. Há questões que são maldosamente formuladas para que você caia na vala do senso comum.

Veja que existem questões que vão priorizar pela simples memorização, outras vão exercitar sua capacidade de análise em entender um problema do "mundo real" e sua capacidade de transpor para o "mundo computacional"; outras vão exercitar seu julgamento diante de um problema em questão e outras vão te apresentar um problema e a solução e você deverá avaliar se a solução é a correta ou não e por que.

A prova é feita para não ser fácil. E isto é de suma importância para atestar a qualidade das pessoas que são certificadas. Se qualquer um com pouco preparo pode ser certificado, de que adianta exibir este título no currículo? Mas se é para os poucos que realmente se dedicaram e estudaram a fundo, ora, é uma certificação de peso.

No site www.certificacaolinux.com.br, se você se matricular no curso preparatório para LPIC-1, você terá acesso a mais de 499 questões de simulado. Uma versão gratuita do simulado também está disponível no site, com 180 questões.

Localizando Ajuda na Internet

Existem boas páginas Internet Nacionais e Internacionais sobre o GNU/Linux e assuntos relacionados com este sistema. Elas trazem documentos e explicações sobre configuração, instalação, manutenção, documentação, suporte, etc.

http://www.tldp.org : Este site mantém a documentação do Linux Documentation Project - LDP. É sem dúvida o local ideal para encontrar informações sobre o Linux;

http://www.linux.org : Página oficial do GNU/Linux. Documentação, livros, cursos, links para distribuições e download de aplicativos podem ser encontrados neste site;

http://www.ibiblio.org/software/linux: O ponto de referência mais tradicional de softwares GNU/Linux. Você pode encontrar desde dicas, documentação How-Tos e até algumas distribuições GNU/Linux.

http://refspecs.linuxfoundation.org/lsb.shtml : É a referência do Linux Standard Base, que é o padrão das especificações de como deve ser uma distribuição Linux.

http://refspecs.linuxfoundation.org/fhs.shtml : É a referência do Filesystem Hierarchy Standard, que é o padrão de hierarquia de arquivos e diretórios do Linux.

Curso Certificação Linux

O treinamento para certificação LPI que ofereço no site www.certificacaolinux.com.br é a distância, com aulas totalmente multimídia e com garantia de 95% de aprovação, desde que você assista as aulas e faça os simulados. Você pode assistir as aulas quando desejar, quantas vezes quiser, de qualquer lugar, pois o curso é individualizado, dinâmico, gostoso de fazer e muito prático.

Além das aulas, o curso conta com 6 tipos de servidores Linux virtuais para você treinar os comandos, em diversas situações. O curso também conta com laboatórios práticos para você treinar situações de resolução de problemas.

Os cursos preparatórios abordam todos os tópicos das provas LPIC-1 e LPIC-2, sempre atualizados. Convido o leitor a fazer o Simulado Gratuito para a prova e baixar o Mapa Mental no site. E se desejar complementar o estudo do livro com aulas multimídia, tem um desconto especial na aquisição do curso para quem já tem o livro.

No link http://www.certificacaolinux.com.br/ você irá ver uma aula demonstrativa e também os detalhes, valores e formas de pagamento. E a matrícula é rápida e fácil. Você pode começar a estudar no mesmo dia.

Aulas dos Comandos

Este livro contém diversos Qr-Codes que apontam para pequenas video-aulas sobre os comandos citados. São mais de 8 horas de aula no total. Assim, esperamos que ao ler sobre os comandos, você também possa ver um vídeo de uso do comando. Desta forma, você não fica com dúvidas e ainda exercita os 3 modelos de aprendizado: visual, linguistico e físico.

Para usar o QR-CODE, basta usar o App de câmera ou App de leitura de QR-CODE no seu celular, apontar para o QR-CODE e curtir a aula.

Figura 2 – Usando o QR-CODE

Um Linux para você na Web

Também disponibilizamos para você um Terminal Linux Fedora via navegador para você treinar todos os comandos do livro, de forma fácil e descomplicada.

Para usar esta máquina virtual você precisa abrir o link usando um navegador de Internet atualizado como Firefox, Chrome ou Safari. O Linux Fedora vai rodar no seu navegador, em uma máquina virtual executada localmente no seu computador, em segundos.

http://bit.ly/labvirtuallinux

Exame 102

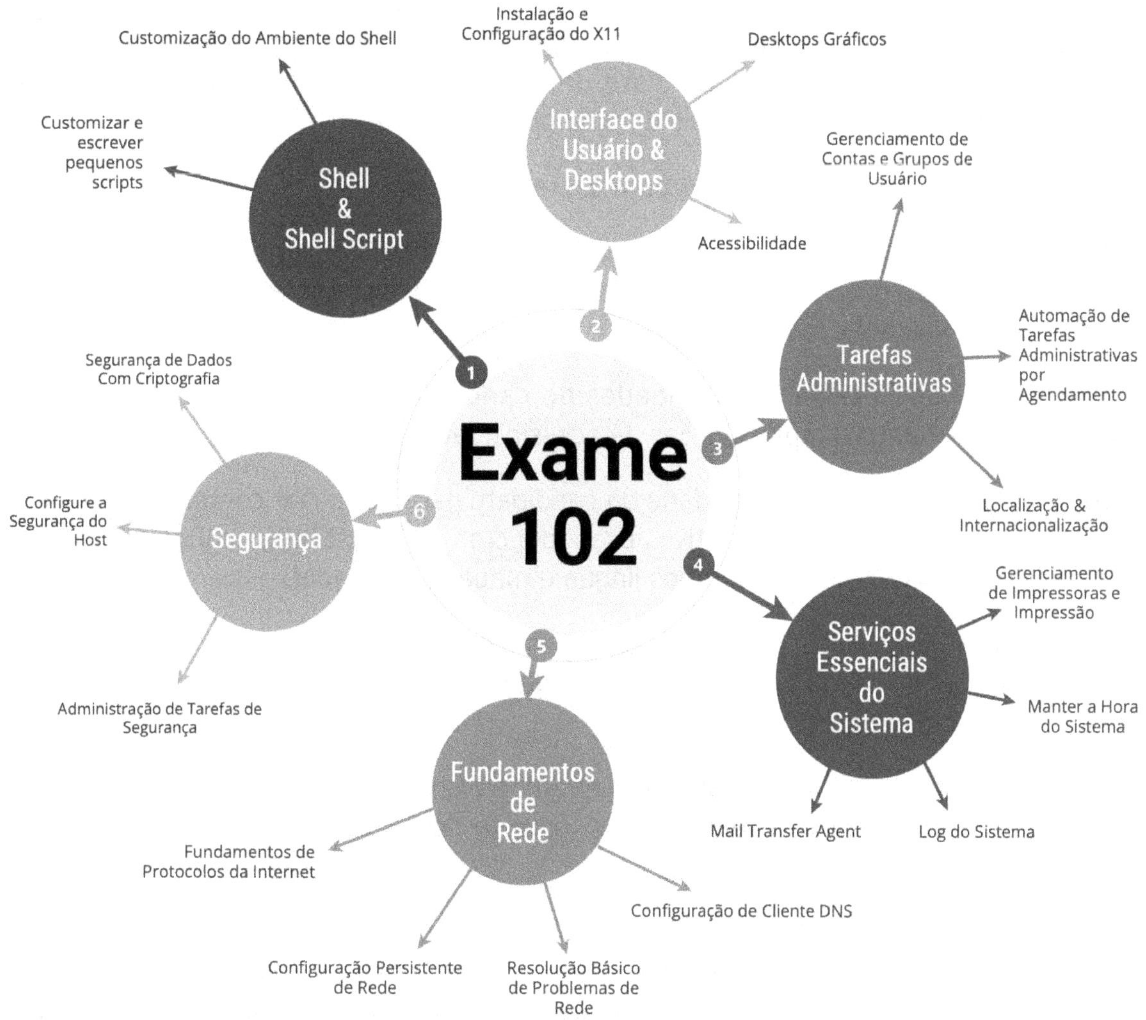
Exame
102
1
Shell
&
Shell Script
Customização do Ambiente do Shell
Customizar e
escrever
pequenos
scripts
2
Interface do
Usuário &
Desktops
Instalação e
Configuração do X11
Desktops Gráficos
Acessibilidade
3
Tarefas
Administrativas
Gerenciamento de
Contas e Grupos de
Usuário
Automação de
Tarefas
Administrativas
por
Agendamento
Localização &
Internacionalização
4
Serviços
Essenciais
do
Sistema
Gerenciamento
de Impressoras e
Impressão
Manter a Hora
do Sistema
Mail Transfer Agent
Log do Sistema
5
Fundamentos
de
Rede
Fundamentos de
Protocolos da Internet
Configuração de Cliente DNS
Configuração Persistente
de Rede
Resolução Básico
de Problemas de
Rede
6
Segurança
Segurança de Dados
Com Criptografia
Configure a
Segurança do
Host
Administração de Tarefas de
Segurança

"A alegria está na luta, na tentativa, no sofrimento envolvido, não na vitória propriamente dita."
Gandhi

O exame 102 tem 90 minutos de duração e aproximadamente 60 questões. Cerca de 75% das questões são de múltipla escolha onde existe somente uma opção correta. Algumas irão apresentar um cenário onde alguma medida administrativa precisa ser tomada e em outras se pergunta qual o comando apropriado para uma determinada tarefa. Outros 10% das questões são de múltipla escolha com mais de uma opção correta.

Atualmente existem quatro tópicos chaves para o exame 102:

Tópico 105 - Os candidatos devem ser capazes de personalizar ambientes shell para atender às necessidades dos usuários, modificando perfis globais, escrever scripts de shell simples, com condicionantes e loops.

Tópico 106 - Este tópico testa as habilidades do candidato para lidar com o ambiente gráfico X11, os diferentes Desktops e noções de acessibilidade.

Tópico 107 - Este tópico testa a capacidade do candidato para gerenciar contas e grupos de usuários, automatizar tarefas administrativas usando o cron, at e systemd, configurar o Linux para correta localização (timezones, horários língua e mapas de teclado).

Tópico 108 - Este tópico avalia se o candidato consegue configurar serviços essenciais do sistema, como manter o horário com NTP, Sistema de LOG, Transferência de E-Mail (MTA) e gerenciamento básico de impressão.

Tópico 109 - Este tópico avalia se o candidato entende os fundamentos da Internet e redes TCP/IP, se é capaz de configurar a rede no Linux, cliente de DNS e resolução de problemas de conectividade.

Tópico 110 - Este tópico avalia se o candidato é capaz de realizar configurações e checagens básicas de segurança, como habilitar/desabilitar serviços, procurar por portas e serviços abertos, checar arquivos com permissões especiais e também limitar uso dos usuários. Além disso este tópico aborda criptografia e assinatura de arquivos usando o GPG.

Este exame irá testar seu conhecimento teórico e prático, comandos e suas opções comuns, localização de arquivos importantes, sintaxe de configurações e procedimentos mais usados. É um exame mais complexo que o 101.

"Se você não atacar ativamente os riscos, eles atacarão você." -- Tom Gilb

105 - Shell e Shell Scripting

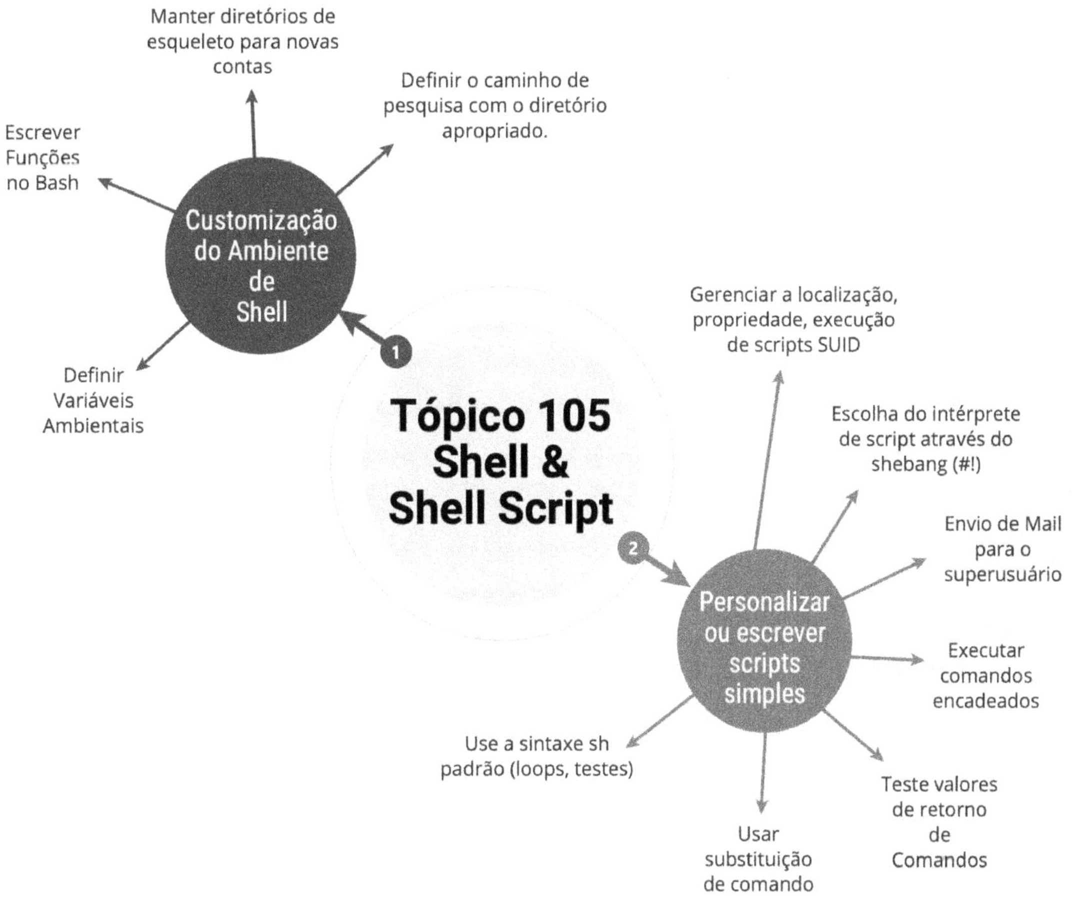

"Escolhe o trabalho que gostas e não terás de trabalhar um único dia em tua vida."
-- Confúcio

Este tópico aborda a personalização do ambiente do shell para atender às necessidades dos usuários, como modificar perfis globais e de usuários. Envolve o uso do diretório modelo (skel) ao criar usuários, entender o funcionamento dos scripts de perfil e do bash e criar funções e apelidos de comandos.

Além disso, este capítulo envolve saber criar ou modificar pequenos scripts de shell, com uso de condicionais (IF) e loops, variáveis especiais de retorno, entender a chamada dos interpretadores de scripts e execução de scripts como outro usuário.

105.1 - Customizar e Uso do Ambiente de Shell

O primeiro objetivo teste tópico é a customização das variáveis do shell. Já abordamos um pouco sobre as variáveis no Livro Certificação Linux para LPIC 101, como criá-las e exportá-las para os programas executados no shell.

Este tópico aborda as variáveis especiais de ambiente do shell. Estas variáveis guardam informações sobre o sistema e sobre as preferências do usuário.

Variáveis de Ambiente ou Globais

São conhecidas também como variáveis globais porque podem ser lidas por todos os processos que o shell iniciar. Elas são carregadas e exportadas geralmente nos scripts de perfil global ou de carga do Shell.

Lembre-se que o Bash é sensível ao uso de letras minúsculas ou maiúsculas, especialmente ao se tratar de variáveis. Por isto convencionou-se que as variáveis ambientais são declaradas em caixa alta.

O Bash mantém algumas variáveis ambientais importantes:

PATH

Mantém uma lista de diretórios que o shell procura pelos programas quando executados na linha de comando;

HOME

Especifica o diretório HOME do usuário corrente;

USER

Especifica o login do usuário corrente;

TERM

Declara o tipo de terminal utilizado.

Neste exemplo utilizamos o comando set junto com o comando grep para ver o conteúdo da variável PATH:

```
$ set | grep PATH
PATH=/sbin:/usr/sbin:/usr/local/sbin:/root/bin:/usr/local/bin:/us
r/bin:/usr/X11R6/bin:/bin:/usr/games:/opt/gnome2/bin:/opt/gnome/b
in:/opt/kde3/bin:/usr/lib/java/jre/bin:/opt/gnome/bin
```

Neste outro exemplo o conteúdo da variável HOME pode ser visto com o comando echo:

```
$ echo $HOME
/home/uiraribeiro
```

O mesmo pode ser usado para verificar a variável TERM:

```
$ echo $TERM
xterm-256color
```

E a variável USER é criada com a saída do programa "/usr/bin/id -un":

```
$ echo $USER
uiraribeiro
```

```
/usr/bin/id -un
uiraribeiro
```

Essas variáveis são configuradas em scripts globais que são executados pelo Linux, conforme a tabela abaixo:

Variável Global	**Script**	**Função**
PATH	/etc/profile	Define os diretórios de busca quando um programa é executado
HOME	/etc/bashrc	Define o diretório HOME do usuário logado
TERM	/etc/bashrc	Define o tipo de terminal usado
USER	/etc/profile	Define o userid (login) do usuario logado.

Mais adiante você irá ver cada arquivo de customização e ambientação do Shell.

Alterando as Variáveis de Shell

Qualquer uma destas variáveis pode ser alterada no Bash de forma temporária, bastando dar um novo valor para ela.

Neste exemplo, adicionaremos o diretório local simbolizado pelo ponto "." na variável PATH:

```
$ echo $PATH
/usr/local/bin:/usr/bin:/usr/local/sbin:/usr/sbin:/home/ec2-
user/bin
$ PATH="$PATH:."
$ echo $PATH
/usr/local/bin:/usr/bin:/usr/local/sbin:/usr/sbin:/home/ec2-
user/bin:.
```

Agora é possível executar qualquer programa em qualquer diretório corrente.

Como não alteramos o valor da variável PATH no arquivo /etc/profile, ao sair da sessão do terminal, a alteração que fizemos será perdida.

É importante ainda, relembrar que as variáveis que não são exportadas com o comando **export** são denominadas variáveis locais, pois são válidas somente no shell em execução.

Isto significa que os programas executados pelo shell não têm acesso a elas.

Neste exemplo, a variável TERM é exportada para uma área de memória compartilhada entre o shell e os programas que o shell executa:

```
# export TERM
```

Para ilustrar bem isso, vamos criar uma variável com o meu nome:

```
$ NOME="Uirá Ribeiro"
```

No próprio shell, pode-se ver o seu conteúdo com o comando echo:

```
$ echo $NOME
Uirá Ribeiro
```

Observe que, enquanto não exportarmos a variável NOME com o comando export, ela não ficará disponível para nenhum programa ou script de shell executado.

Por exemplo, se criarmos um script chamado meunome.sh com o seguinte conteúdo:

```
#!/bin/bash
```

```
echo "Meu nome é $NOME"
```

Para executar o script meunome.sh, é preciso alterar as permissões para execução:

```
$ chmod +x meunome.sh
```

Ao executar o meunome.sh, ele não irá conseguir ler o conteúdo da variável NOME que foi criada anteriormente no shell:

```
$ ./meunome.sh
Meu nome é
```

Mas se a variável NOME for exportada:

```
$ export NOME
```

Se executarmos novamente o meunome.sh:

```
$ ./meunome.sh
Meu nome é Uirá Ribeiro
```

O comando **export** possibilitou que a variável NOME ficasse disponível para todos os comandos e programas executados pelo shell que está em execução, ou seja, para todos os processos filhos deste shell.

Para que fique bem claro, outro shell executado em outro terminal ou sessão não conseguirá ler a variável NOME, porque ela não está em nenhum script de perfil ou de carga do Bash.

export

$ export [variável]

Como visto anteriormente, o comando export serve para exportar as variáveis criadas para todos os processos filhos do Bash (programas).

Essa exportação é para uma área de memória especial compartilhada entre o Bash e os programas que o Shell executa.

Se não for informada uma variável ou função como parâmetro, ele mostra todas as variáveis exportadas. Ele também pode ser usado para se criar uma variável e exporta-la ao mesmo tempo.

Uma variável criada no bash sem ser exportada não pode ser lida por nenhum processo ou programa executado no mesmo terminal ou sessão do Shell.

Exemplo de como criar diretamente uma variável e exportar ao mesmo tempo:

```
$ export LIVRO="Certificação Linux"
$ export
declare -x HISTCONTROL="ignoredups"
```

```
declare -x LANG="pt_BR.UTF-8"
declare -x LIVRO="Certificação Linux"
( ... )
```

set

$ set [variável]

O comando set informa uma lista de todas as variáveis locais, variáveis ambientais e funções do shell.

Algumas opções do comando set alteram o comportamento do bash, a saber:

- **-C** Previnem que a saída de um programa usando `>', `>&' e `<>' regrave arquivos. Faz o mesmo que a opção **-o noclobber**
- **-n** Lê os comandos, mas não os executa. Útil para checar scripts. Faz o mesmo que a opção -o noexec
- **-P** Proíbe o shell de seguir links simbólicos. Faz o mesmo que a opção -o physical
- **-a** Marca as variáveis modificadas ou criadas para export. Faz o mesmo que a opção -o allexport
- **-o** history Habilita guardar o histórico de comandos digitados.
- **-x** Mostra o comando digitado e seu resultado
- **-m** Habilita o controle de Tarefas (Jobs)
- **-e** Sai do shell assim que o comando executado terminar com êxito
- **-n** Lê os comandos, mas não os executa. Faz o mesmo que a opção **-o noexec**
- **-f** Desabilita o uso de coringas * e ?. Faz o mesmo que a opção **-o noglob**

Ao utilizar as opções do set, o símbolo **+** pode ser utilizado para desabilitar as opções.

Esse comando além de servir para listar todas as variáveis, ele pode alterar o comportamento do bash.

Veja os exemplos:

Para Listar as variáveis:

```
$ set
BASH=/bin/bash
BASH_VERSION='4.2.46(2)-release'
HISTCONTROL=ignoredups
HISTFILE=/home/ec2-user/.bash_history
```

Para não permitir que um arquivo seja regravado com o condutor ">""

```
$ set -C
$ cat teste.c > texto
-bash: texto: cannot overwrite existing file
```

Para imprimir o comando digitado e seu resultado:

```
$ set -x
$ echo $TERM
+ echo xterm-256color
xterm-256color
```

Para desabilitar isso, podemos usar a opção com o +x:

```
$ set +x
```

Para evitar que os comandos digitados sejam gravados no history, podemos usar a opção +o history:

```
$ set +o history
```

Para voltar a gravar os comandos digitados no history:

```
$ set -o history
```

Observe a pegadinha que algumas opções são ativadas com o "-" e outras desativadas com o "+" antes da opção.

Para evitar que o Bash faça uso de coringas, pode-se usar a opção **-f** ou **-o noglob**:

```
$ ls /bin/zip*
/bin/zip  /bin/zipcloak  /bin/zipgrep  /bin/zipinfo
/bin/zipnote  /bin/zipsplit
$ set -f
$ ls /bin/zip*
ls: não é possível acessar /bin/zip*: No such file or directory
```

É quase certo que as opções -C (noclobber) e -f (noglob) serão questões de prova.

É importante que você saiba que as opções que alteram o comportamento do comando set não são permanentes se não estiverem em algum script de inicialização do bash. Algumas distribuições customizam o comportamento do shell com o comando set nos arquivos /etc/profile ou /etc/bashrc.

unset

$ unset [variável]

O comando unset apaga uma variável ambiental da memória.

Ex.:

```
$ LIVRO="Certificação Linux"
$ echo $LIVRO
Certificação Linux
$ unset LIVRO
$ echo $LIVRO
```

env

$ env VARIAVEL=valor programa

O comando env é utilizado para executar um programa enviando para ele uma variável ambiental.

Ele habilita que um determinado programa possa ler uma variável sem a necessidade de criar a variável no Shell e posteriormente exportá-la com o comando export.

A opção -i diz para o env ignorar o ambiente herdado, sem alterar o conteúdo de qualquer variável existente. É útil para alterar uma variável momentaneamente para um teste.

Neste exemplo o programax é executado recebendo a variável HOME com o seu valor alterado temporariamente e individualmente:

```
$ echo $HOME
/home/uiraribeiro
$ env HOME=/home/convidado2 programax
```

Mas ao visualizar o valor da variável HOME logo após a execução do programa, constata-se que o seu conteúdo permanece inalterado, uma vez que só foi modificado no espaço de memória que o programax foi capaz de enxergar:

```
$ echo $HOME
/home/uiraribeiro
```

O comando env também pode ser usado com a opção "-u", que remove a variável indicada do ambiente. Para demonstrar, criamos um pequeno script que imprime a variável LIVRO:

```
$ cat script
#!/bin/bash
echo "O livro é: $LIVRO"
```

```
$ chmod +x script
$ export LIVRO="Certificação Linux"
$ ./script
O livro é: Certificação Linux
```

Ao usar o env com a opção -u, a variável LIVRO deixará de existir para o script quando executado pelo env:

```
$ env -u LIVRO ./script
O livro é:
```

E ainda é possível usar a opção -i, que limpa todas as variáveis exportadas, executando o programa em um ambiente totalmente limpo:

```
$ env -i ./script
O livro é:
```

alias

$ alias apelido="comandos"

Outra facilidade importante do shell é a possibilidade de criarmos apelidos ou atalhos para os comandos. Ele pode ser utilizado para simplificar comandos com muitas opções ou executar diversos processos em sequência. O comando **alias** cria estes atalhos:

```
$ alias psweb="ps -e |grep nginx"
$ psweb
 9113 ?        00:00:00 nginx
 9115 ?        00:00:22 nginx
 9116 ?        00:00:00 nginx
```

Neste exemplo o apelido psweb corresponde aos comandos ps -e | grep nginx.

A lista de apelidos pode ser exibida com o comando alias sem nenhum parâmetro:

```
$ alias
alias ..='cd ..'
```

```
alias ...='cd ../..'
alias l='ls -alF'
alias la='ls -la'
alias ll='ls -l'
alias ls='/bin/ls $LS_OPTIONS'
alias psweb="ps -e |grep nginx"
```

É importante ressaltar que um apelido criado no Shell somente existirá de forma permanente se for configurado em algum script de carga do Bash ou nos arquivos de configuração de perfil.

function

$ [function] NOME () { comandos; }

Se você quiser que vários comandos sejam executados de uma só vez, mas sem a necessidade de se criar um arquivo de script, você pode usar o recurso de funções do Bash.

O Bash possibilita definirmos funções do usuário. Uma função pode chamar uma série de comandos de forma mais complexa que o alias, com a possibilidade de informar parâmetros para os comandos internos da função.

As funções têm a seguinte sintaxe:

```
# [function] NOME () { comandos; }
```

A palavra reservada **function** é opcional. O **NOME** é como a nova função será chamada. Os comandos devem estar compreendidos entre chaves.

Existem duas formas de se escrever as funções: um comando por linha, ou tudo em uma mesma linha, separando os comandos por ponto-e-virgula ";".

Veja o exemplo escrevendo a função com um comando por linha. O sinal de "**>**" é o prompt estendido do Bash (definido pela variável $PS2) indicando que mais de uma linha de comando está sendo digitada:

```
$ listawww () {
> ps -e | grep nginx
> w
> }
```

Ao ser executada, a função irá imprimir os processos que tem a palavra nginx, e logo em seguida o comando "w":

```
$ listawww
 9113 ?        00:00:00 nginx
 9115 ?        00:00:22 nginx
 9116 ?        00:00:00 nginx
 08:36:55 up 7 days, 22:50,  1 user,  load average: 0,06, 0,10,
0,06
USER     TTY      FROM             LOGIN@   IDLE   JCPU   PCPU
WHAT
ec2-user pts/0    ip-10-8-0-6.ec2. 07:45    7.00s  0.08s  0.00s w
```

A mesma função pode ser escrita em uma só linha, separando os comandos por ponto-e-virgula:

```
$ listawww () {  ps -e| grep nginx; w; }
```

Da mesma forma que os apelidos, as funções são perdidas ao fechar o terminal ou sessão, a menos que estejam em algum script de carga do Bash ou perfil.

Listas

$ nomedalista=(conjunto de itens)

O Bash ainda possibilita que você crie listas (arrays) de variáveis, que podem ser utilizadas pelo Shell como listas de algum conteúdo.

Para criar uma lista, basta informar seu conteúdo entre parênteses.

Para recuperar o conteúdo de uma lista, você deve informar o nome da lista entre chaves e passar um índice ou coringa dentro de colchetes.

Neste exemplo uma lista chamada "lista" é criada com 6 itens:

```
$ lista=(um dois três quatro cinco seis)
```

Você pode saber o tamanho da lista com o comando:

```
$ echo "Tamanho da lista: ${#lista[*]}"
Tamanho da lista: 6
```

Pode-se ainda listar o conteúdo da lista:

```
$ echo ${lista[*]}
um dois três quatro cinco seis
```

Ou listar todos os itens um por linha com o comando for:

```
$ for item in ${lista[*]}; do echo "Item: $item "; done
```

```
Item: um
Item: dois
Item: três
Item: quatro
Item: cinco
Item: seis
```

E ainda listar o conteúdo de um item específico da lista:

```
$ echo ${lista[3]}
quatro
```

As listas são muito úteis para enumerar itens, coleções de coisas, valores ou parâmetros em scripts de shell.

source

$ source arquivo [argumentos]

O comando source é utilizado para ler um arquivo de biblioteca com várias funções para o shell em um arquivo de script ou o prompt de comandos. Ele procura por arquivos de biblioteca localizados nos diretórios da variável PATH ou de um arquivo específico.

Exemplos:

```
$ source funcoes.sh
$ source /caminho/ate/diretório/funcoes.sh arg1 arg2
```

No exemplo abaixo, vamos criar um arquivo chamado minhabiblioteca.sh com o seguinte conteúdo:

```
#!/bin/bash
eh_o_root(){
    [ $(id -u) -eq 0 ] && return $TRUE || return $FALSE
}
```

Este arquivo contém uma função chamada "**eh_o_root**" que retorna verdadeiro se o uid do usuário logado for igual a zero (root) ou falso quando retorna outro valor.

Agora vamos criar um script chamado meuscript.sh que utilizará o minhabiblioteca.sh como fonte de funções:

```
#!/bin/bash
# Vamos ler o minhabiblioteca.sh com o comando source
source minhabiblioteca.sh
eh_o_root && echo "Você é o Root." || echo "Você é um usuário
comum."
```

Agora vamos alterar a permissão do meuscript.sh para executável:

```
$ chmod +x meuscript.sh
```

Ao executar o meuscript.sh:

```
$ ./meuscript.sh
Você é um usuário comum.
```

O comando source é muito útil para ler uma biblioteca de funções ou variáveis que podem ser utilizadas por diversos scripts de shell.

Arquivos de Configuração do Bash e Perfil

O bash possibilita que as funções, variáveis e apelidos possam ser gravados em alguns arquivos para que possam ser carregados novamente quando o sistema for iniciado novamente, ou uma nova execução do bash for feita.

Os arquivos lidos pelo bash são:

/etc/profile

Arquivo global de configuração de Perfil de todos os usuários. Define variáveis globais e é executado durante o processo de autenticação do usuário. Este script também costuma carregar com o comando source os arquivos contidos no diretório **/etc/profile.d**.

/etc/profile.d

Este diretório contém um ou mais scripts que são carregados pelo /etc/profile.

```
$ ls -l /etc/profile.d
-rw-r--r-- 1 root root 1606 jul 31  2018 colorls.sh
-rw-r--r-- 1 root root 2703 ago  2  2018 lang.sh
-rw-r--r-- 1 root root  121 jul 31  2018 less.sh
-rw-r--r-- 1 root root  248 jul 17 14:46 vim.sh
```

/etc/bashrc ou /etc/bash.bashrc

Arquivo global de configuração de Perfil, que define variáveis importantes e é executado toda vez que o Bash é carregado. Em algumas distribuições aparece com o nome /etc/bashrc e em outras como /etc/bash.bashrc.

~/.bash_profile

Arquivo de Perfil individual de cada usuário que é executado logo imediatamente ao /etc/profile. Seu conteúdo é lido a cada execução do Bash e cada usuário tem o seu no diretório HOME.

~/.bash_login

Se o arquivo ~/.bash_profile não existir, ele é executado logo após o processo de logon. Cada usuário tem o seu;

~/.profile

Se os arquivos .bash_profile e .bash_login não existirem, ele é executado logo após o logon. Cada usuário tem o seu;

~/.bashrc

É executado automaticamente quando o processo Bash é iniciado. Cada usuário tem o seu;

~/.bash_logout

É executado durante o processo de logout;

Relembrando que o "~/" indica o diretório HOME do usuário logado.

Convém você olhar estes arquivos e analisar o seu conteúdo. Cada distribuição pode; variar o conteúdo destes scripts. Você pode até notar que um script chama o outro.

É muito importante saber a função e quando cada arquivo é executado. De maneira geral, guarde que:

- Os arquivos que ficam no diretório **/etc** são Globais, e valem para todos os usuários;
- Os arquivos quem ficam no diretório **HOME**, são individuais para cada usuário;
- Os arquivos que tem **profile** no nome, são carregados no processo de login, uma única vez;
- Os arquivos que tem **bash** no nome são carregados toda vez que o Bash é executado.

Outro detalhe importante é que estes arquivos são lidos e executados na ordem descrita acima: primeiro os **Profiles**, depois os **Bash**. Nem todas as distribuições fazem uso de todos esses arquivos.

A figura 1 ilustra o ordem do processo de carga destes scripts:

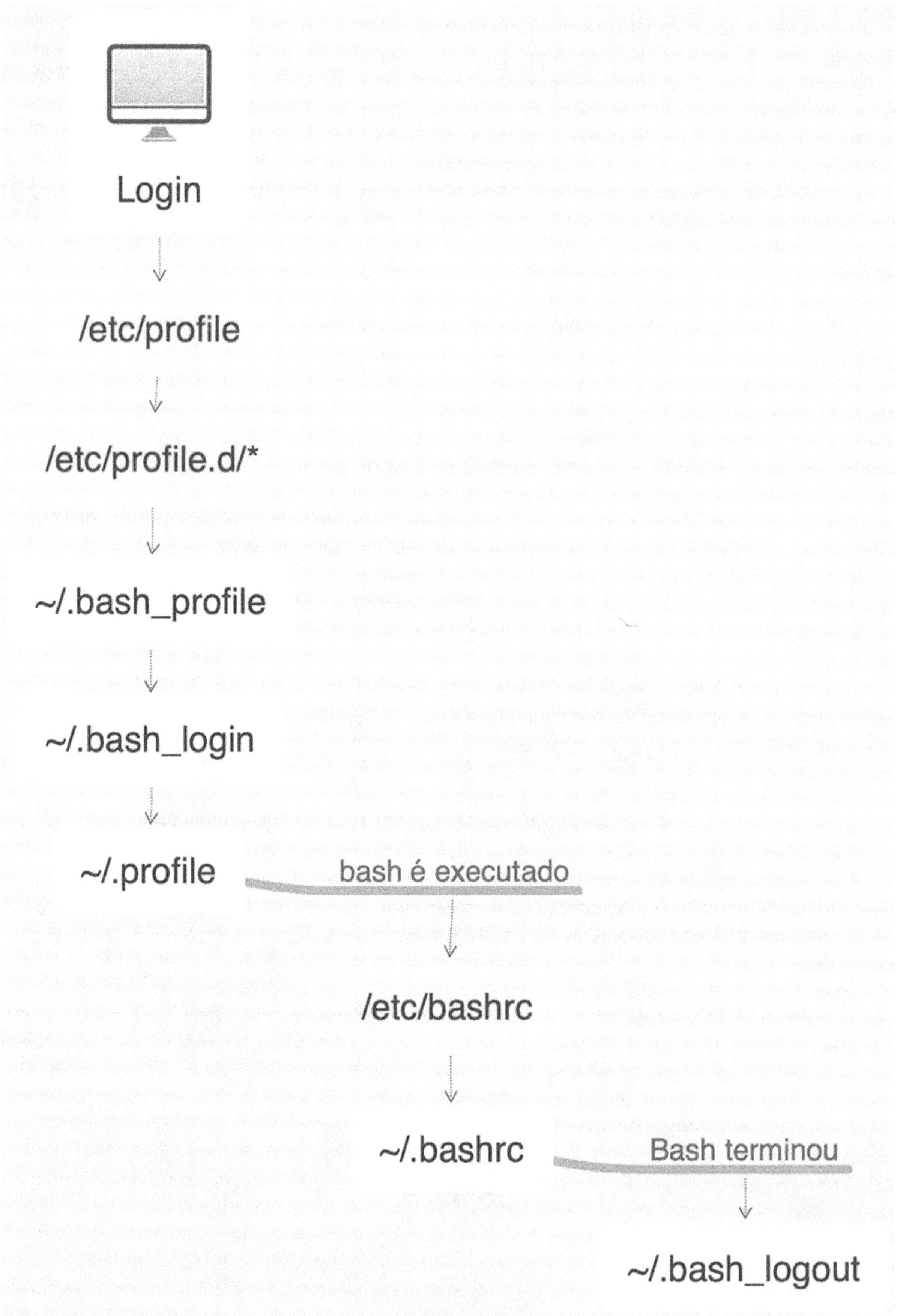

Figura 1 – Scripts de Login

Observe que os nós em amarelo são scripts globais, que valem para todos os usuários. O scripts ~/.bashrc é carregado toda vez que o Bash é executado. E o script ~/.bash_logout toda vez que o Bash termina.

Ajustando o Ambiente de Trabalho dos Usuários

Durante o processo de logon de um usuário, quando o shell bash inicia, ele executa o script /etc/profile. Este script pode ser customizado e diferente em cada distribuição Linux. Sua função é configurar algumas variáveis de ambiente e fazer a sintonia do sistema para os usuários.

O Bash também procura pelo arquivo /etc/bash.bashrc que também tem uma função parecida com o profile, mas o bashrc é executado todas as vezes que o bash é executado.

Cada usuário também pode criar seus scripts de inicialização para serem executados durante o logon. Estes arquivos precisam estar localizados no diretório home dos usuários com os nomes:

- .profile
- .bash_profile
- .bash_login
- .bashrc
- .bash_logout

O ponto "." antes do nome do arquivo confere a ele o atributo de escondido, somente sendo listado com o comando "ls -lga".

O Diretório /etc/skel (esqueleto)

O diretório **/etc/skel** é utilizado para fornecer a estrutura básica do diretório HOME do usuário. Ele funciona como uma matriz que pode ser copiada para os diretórios HOME dos usuários quando eles são criados.

Isto facilita muito a tarefa de personalizar o ambiente de trabalho dos usuários, definindo os arquivos de perfil que servirão como modelo para cada usuário criado no sistema.

Desta forma, podemos definir alguns arquivos e diretórios que todos os novos usuários devem ter no momento de sua criação. Veja um exemplo da estrutura do /etc/skel:

```
$ ls -1 /etc/skel
.bash_logout
.bash_profile
.bashrc
```

Note que o conteúdo do skel somente vai ser copiado quando utilizamos a opção “-m” do comando useradd.

105.2 – Customizando e Escrevendo Scripts de Shell

Para criar scripts é preciso enxergar o sistema como uma coleção de ferramentas que podem interagir entre si para formar pequenos programas que irão auxiliar o dia a dia de trabalho e a manutenção do sistema.

Estes pequenos programas são escritos em texto puro num editor de textos comum e não precisam ser compilados. O shell é capaz de ler este programa como uma lista de comandos que chamamos de "shell script".

Existem diversas linguagens de programação que interpretam os comandos de um arquivo texto, tais como Python, Perl, Php, Javascript, etc.

Desta forma, a primeira linha do script deve indicar qual será o interpretador de comandos que será utilizado para ler e executar o script.

Escolhendo o Interpretador de Script #! shebang

Todo script que será executado no Shell deve começar com uma linha especial que inicia com os caracteres “**#!**” seguido do caminho completo do interpretador de comandos. Esses caracteres são conhecidos como "shebang".

Exemplo de um script de shell chamado **bomdia**:

```
#!/bin/bash
clear
echo “Olá $USER”
echo “Hoje é “;date
echo “Número de usuários conectados: ” ; who | wc -l
echo “Calendário”
cal
```

```
exit 0
```

Como estudado anteriormente, para um arquivo ser considerado executável é preciso que a sua permissão seja alterada e o bit executável habilitado:

```
$ chmod +x bomdia
```

Desta maneira o pequeno script poderá ser executado no prompt:

```
Olá uiraribeiro
Hoje é
sex set 27 10:56:54 -03 2019
Número de usuários conectados:
2
Calendário
   setembro 2019
do se te qu qu se sá
 1  2  3  4  5  6  7
 8  9 10 11 12 13 14
15 16 17 18 19 20 21
22 23 24 25 26 27 28
29 30
```

Outros interpretadores podem ser invocados pela linha "#!", tais como o /bin/sh, /usr/bin/perl, /usr/bin/awk, dentre outros.

Quando um script é executado, o shell analisa o conteúdo da linha "#!" e carrega o programa definido para interpretar o script.

Em um script de shell esta linha faz com que um novo programa do shell seja executado para interpretar o script. Enquanto isso o shell que o executou fica em estado de espera.

O novo processo iniciado executa novamente os arquivos /etc/bashrc e ~/.bashrc.

Um aspecto importante é que o shell pai (em que o script foi chamado) pode passar variáveis para o processo shell filho que irá executar de fato o script. Mas o shell filho não poderá passar variáveis ou alterar o conteúdo delas para o processo pai. A herança é um caminho de mão única de processo pai para processo filho.

É importante que a chamada na linha "#!" que define qual interpretador deve ser executado esteja correta. Se o caminho estiver incorreto, o script poderá não ser executado.

Permissões de Execução

SUID e SGID

Os programas são geralmente sempre executados em nome e com as permissões dos usuários que os executou.

No entanto, em algumas situações especiais, é necessário executar um programa como se fosse outro usuário, com as permissões deste usuário. Isto geralmente acontece quando se executa algum programa servidor.

Para executar um programa como outro usuário, os bits SUID e SGID devem estar habilitados. Desta forma, o programa irá ser executado com as permissões do usuário e do grupo de usuários ao qual ele pertence e não do usuário que o executou.

Para identificar um arquivo que tenha os bits SUID e SGID habilitados, ele tem um "**s**" no lugar das permissões de execução"**x**":

```
-rwsrwsr-x 1 nginx  user  48 set 27 11:33 script
```

O "**s**" na primeira posição significa que o bit **SETUID** (ou **SUID**) foi definido. O segundo "**s**" na classe de Grupo significa que o o bit **GUID** foi definido.

Quando o SUID está definido, o Kernel executa o arquivo com o ID de usuário (e seus privilégios) do proprietário desse arquivo, não do usuário que o executou. Mas existe uma exceção quando o sistema de arquivos for montado com a opção **nosuid**.

O bit SUID não deve ser confundido com o bit **sticky**, que no Linux é normalmente usado, e honrado, apenas em diretórios. Quando definido, esse bit significa que apenas o proprietário de um diretório pode desvincular, excluir ou renomear os arquivos que ele contém.

O Perigo do SUID e SGID

Os bits de SUID e SGID devem ser utilizados com muita cautela, uma vez que qualquer arquivo com esses bits configurados vão ser executados com as permissões do dono do arquivo. Isso é especialmente perigoso se o dono do arquivo for o super-usuário **root**.

Kernel ignora SUID de scripts

O Kernel ignora os bits SUID e SGID de scripts por uma questão de segurança.

Qualquer programa que use o shebang "**#!**", independente do interpretador, terá os bits de SUID e SGID ignorados por questão de segurança. Isso porque os scripts executam programas e outros scripts, então o risco de vários programas e outros scripts serem executados com as permissões do dono do script é um risco muito grande.

A única maneira de executar um script com as permissões de outro usuário é usando um wrapper genérico, como o comando **sudo**.

Variáveis Especiais

Uma característica importante dos scripts de shell é a possibilidade de confirmação da execução com sucesso de um determinado comando. Ela é chamada de variável de retorno.

A variável de retorno é preenchida toda vez que um comando é executado. Se o valor retornado for **0**, o comando foi executado com sucesso. Se o valor for **diferente de 0**, algum problema foi encontrado.

Para utilizar ler o valor da variável de retorno, ela precisa ser verificada imediatamente após a execução do comando desejado.

Para verificar o conteúdo da variável de retorno:

```
$ echo $?
0
```

Veja o exemplo de um script muito simples que verifica se o arquivo /tmp/arquivoteste.txt existe:

```
#!/bin/bash
cat /tmp/arquivoteste.txt
if [ $? = 0 ]; then
        echo "o arquivo existe"
else
        echo "o arquivo não existe"
fi
```

```
$ chmod +x testederetorno
$ ./testederetorno
o arquivo não existe
```

Se o arquivo /tmp/arquivoteste.txt existir, o comando cat irá retornar $? igual a 0 e a frase "o arquivo existe" será impressa.

Outras variáveis especiais podem ser utilizadas:

Variável	Para que serve
$#	Retorna o número de argumentos que o programa recebeu.

Variável	Para que serve
$_	O sublinhado (underscore) contém o nome absoluto do arquivo do shell ou script que está sendo executado como passado na lista de argumentos.
$?	Variável de retorno do término da execução de um programa.
$$	Fornece o PID do processo do Shell.
$!	Fornece o PID do último programa em execução em segundo plano.
$0	Retorna o nome do programa executado.
$n	Retorna o argumento número **n** do programa.
$* $@	Retorna todos os argumentos informados na execução do programa.

Veja o script de exemplo em que se usa essas variáveis:

```
#!/bin/bash
echo "Meu nome é: $0"
echo "Eu tenho $# argumentos passados na minha execução"
echo "Este é o resultado da última execução: $_"
echo "O primeiro argumento é: $1"
echo "O segundo argumento é: $2"
echo "O terceiro argumento é: $3"
echo "Meu PID é: $$"
echo "Meus argumentos são: $@"
echo "Meus argumentos são: $*"
```

Ao ser executado, produzirá o seguinte resultado:

```
$ ./script um dois tres
Meu nome é: ./script
Eu tenho 3 argumentos passados na minha execução
Este é o resultado da última execução: Eu tenho 3 argumentos
passados na minha execução
O primeiro argumento é: um
O segundo argumento é: dois
O terceiro argumento é: tres
Meu PID é: 6210
Meus argumentos são: um dois tres
Meus argumentos são: um dois tres
```

O Comando test

O comando test é uma grande ferramenta para testar condições. Com base na variável de retorno do comando test, lógicas de programação podem ser montadas para executar algo se uma condição for satisfeita ou não.

Ele pode testar condições em arquivos, permissões, textos, números, e até através de expressões e fornece o resultado através da variável de retorno **$?**.

Neste exemplo o comando test verifica se 1 é menor que 2 (-lt = less than - menor que):

```
$ test 1 -lt 2
$ echo $?
0
```

Como a variável de retorno foi 0, o número 2 é menor que 1.

Neste outro exemplo ele testa com o "-d" se o arquivo /usr/src é um diretório:

```
$ test –d /usr/src
$ echo $?
0
```

As opções mais comuns do comando test são:

Opção	Para que Serve	Exemplo
-d /diretorio	Verifica se um arquivo é um diretório e se ele existe	$ test -d /etc
-e arquivo	Verifica se um arquivo existe, independente do seu tipo	$ test -e /etc/passwd
-f arquivo	Verifica se um arquivo existe e se ele é comum	$ test -f /etc/passwd
-z arquivo	Verifica se o arquivo está vazio	$ test -z /etc/groups
-n "$variavel"	Verifica se o tamanho de um texto é maior que zero	$ test -n "$LIVRO"
-s arquivo	Verifica se um arquivo existe e se seu tamanho é maior que zero	$ test -s /etc/passwd
s1 = s2	Verifica se um texto é igual a outro	$ test "$LIVRO" = "Certificação Linux"

Opção	Para que Serve	Exemplo
s1 != s2	Verifica se um texto diferente de outro	$ test "$LIVRO" != "Certificação Linux"
x -eq y	Verifica se um número **x** é igual a **y**	$ VAR=10 ; test $VAR -eq 10
x -gt y	Verifica se um número **x** é maior que **y**	$ VAR=10 ; test $VAR -gt 9
x -lt y	Verifica se um número **x** é menor que **y**	$ VAR=10 ; test $VAR -lt 11
x -ne y	Verifica se um número **x** não é igual **y**	$ VAR=10 ; test $VAR -ne 11
x -ge y	Verifica se um número **x** é maior ou igual a **y**	$ VAR=10 ; test $VAR -ge 9
x -le y	Verifica se um número **x** é menor ou igual a **y**	$ VAR=10 ; test $VAR -le 11
expressão -a expressão	Verifica se ambas as expressões são verdadeiras	$ test 10 -ge 9 -a 22 -gt 10; echo $?
expressão -o expressão	Verifica se uma OU expressão são verdadeiras	$ test 10 -ge 11 -o 22 -gt 10; echo $?
arquivo1 -nt arquivo2	Verifica se o arquivo1 foi modificado depois de arquivo2 (mais novo)	$ test arquivo1 -nt arquivo2
arquivo1 -ot arquivo2	Verifica se o arquivo1 foi modificado antes de arquivo2 (mais velho)	$ text arquivo1 -ot arquivo2
-r arquivo	Verifica se o arquivo tem permissão de leitura	$ test -r aquivo
-w arquivo	Verifica se o arquivo tem permissão de escrita	$ test -w arquivo
-x arquivo	Verifica se o arquivo tem permissão de execução	$ test -x arquivo
-O arquivo	Verifica se você é o dono do arquivo	$ test -O arquivo

Uso de [ ] no lugar do "test"

O comando test pode ser abreviado com colchetes **[ ]**. Observe que deve haver um espaço entre a expressão e os colchetes:

```
$ [ 10 -ge 8 ]
$ echo $?
0
```

Operadores || e &&

Os operadores (pipe pipe) **||** e **&&** servem para verificar se a expressão à direita retorna verdadeiro ou falso.

O operador **&&** verifica se algo que está à sua direita é verdadeiro, e assim sendo executa o comando à sua esquerda.

Neste exemplo, forçamos o retorno verdadeiro com o comando "true" que sempre irá retornar verdadeiro:

```
$ true && echo "Deu certo"
Deu certo
```

Se usarmos o comando "false", que sempre retorna falso, o operador && não vai executar o comando à esquerda:

```
$ false && echo "Deu certo"
```

O operador **II** verifica se algo que está à sua direita é falso, e assim sendo executa o comando à sua esquerda.

Neste exemplo, forçamos o retorno verdadeiro com o comando true. Neste caso, o **II** não irá executar nada.

```
$ true || echo "Deu certo"
```

Já agora, o forçando o retorno falso com o comando false, o **II** executa o comando echo:

```
$ false || echo "Deu certo"
Deu certo
```

Os operadores && e II também podem ser usados juntos:

```
$ test 100 -gt 99 && echo "SIM" || echo "NÃO"
```

Neste caso irá retornar SIM porque 100 é maior que 99.

if

if [expressão]; then comando else comando fi

Controles de fluxo (**if**) são comandos que testam algumas alternativas e, de acordo com o resultado, executam comandos.

A lógica do comando if é "se isso for verdadeiro, faça isso, se não, faça aquilo". Veja o exemplo:

```
if [ $? = 0 ]; then
echo 'O comando foi completado com sucesso...'
else
echo 'O comando falhou.'
fi
```

Neste exemplo o if testa se o conteúdo da variável de retorno **$?** é 0. Caso positivo, executa o comando echo "O comando foi completado com sucesso...". Se a condição for falsa, executa o comando echo "O comando falhou.".

Diferente de outras linguagens, o if testa um **comando** e não uma **condição**. Assim sendo, devemos utilizar o comando **test** em conjunto com o if. Geralmente escreve-se usando o atalho dos colchetes **[ ]** para o comando test.

for

$ for algo; do comando; comando2; done

O shell possui estruturas para testar condições e executar determinadas sequências de programas várias vezes (loop), até que a condição testada seja satisfeita.

Os dois comandos que possibilitam isso são o **for** (até que) e o **while** (enquanto).

O comando **for** permite que laços (loops) sejam feitos para que um ou mais comandos sejam executados até que uma determinada variável percorra todos os valores de uma dada lista.

Veja um exemplo simples:

```
$ for numero in um dois três quatro cinco
do
echo "Contando: $numero"
done
```

```
Contando: um
Contando: dois
Contando: três
Contando: quatro
Contando: cinco
```

O mesmo comando pode ser escrito em uma só linha:

```
$ for numero in um dois três quatro cinco; do echo "Contando:
$numero"; done
```

Veja o exemplo:

```
$ ls -1 > lista_arquivos.txt
```

Pode-se agora usar o **for** para executar diversos comandos para cada arquivo da lista:

```
$ for i in $(cat lista_arquivos.txt); do cp $i $i.backup; mv
$i.backup /tmp/backup; done;
```

Este laço atribui para a variável **$i** cada linha do arquivo lista_arquivos.txt.

A expressão **$(comando)** gera uma lista com resultado do comando. Tem o mesmo efeito que utilizar o comando entre crases: `comando`.

Em seguida ele executa os comandos para renomear e mover os arquivos até que a lista esteja completa.

Agora um exemplo um pouco mais complexo, com uso do **for** com **if**:

```
$ for i in `ls -1`; do if test -f $i;  then echo "$i é um arquivo
"; else echo "$i não é um arquivo"; fi ; done
```

```
Desktop não é um arquivo
Documents não é um arquivo
Downloads não é um arquivo
HR_PROFESSOR.sql é um arquivo
```

Nesta linha, o resultado do comando ls -1 é colocado na variável **$i**; Depois cada linha da variável **$i** é testada para saber se é um arquivo; se for verdadeiro, será exibida uma frase e, se for falso, outra frase.

while

$ while [expressão] ; do comando; comando; done

O while testa continuamente uma expressão, até que uma expressão tenha variável de retorno igual a zero ou verdadeiro (**true**).

Neste exemplo, a variável **$i** ganha o valor inicial igual a zero.

Enquando (while) a condição do comando test representado pelos **[ ]** retornar zero (verdadeiro), o laço do loop continuará a ser executado.

No laço a variável **$i** é incrementada, até que **$i** atinja a condição de não ser menor que 4:

```
$ i=0
$ while [ $i -lt 4 ]; do echo "conta $i" ; i=$[$i+1]; done
conta 0
conta 1
conta 2
conta 3
```

O while precisa ter uma condição de saída satisfeita, senão ficará em loop infinito.

Recebendo Dados dos Usuários com read

read variável

O comando read é responsável por receber dados que são digitados pelos usuários via teclado durante a execução de um script.

Imagine que você deseja saber o nome do usuário para criar um diretório com o nome dele. Veja o script a seguir:

```
#!/bin/bash
echo “Qual seu primeiro nome?”
read primeironome
echo “Oi $primeironome... irei criar um diretório com seu nome”
mkdir $primeironome
```

Ao executar este script ele irá perguntar qual seu nome e criar um diretório como no exemplo a seguir:

```
# ./criardiretorio
Qual seu primeiro nome?
Uira
Oi Uira... irei criar um diretório com seu nome
```

Veja este outro exemplo de script para saber se um ano é bissexto (ano com mais um dia, 29 de fevereiro, em calendário Juliano).

```
#!/bin/bash
echo "Digite o ano com quatro dígitos (ex.: 2019):"
read ano
if (( ("$ano" % 400) == "0" )) || (( ("$ano" % 4 == "0") &&
```

```
("$ano" % 100 != "0") )); then
echo "$ano é bissexto."
else
echo "$ano não é bissexto."
fi
```

Ao executar este script, ele irá perguntar qual ano deseja-se saber se é bissexto, como no exemplo a seguir:

```
 ./ano
Digite o ano com quatro dígitos (ex.: 2019):
2019
2019 não é bissexto.
```

seq

$ seq primeiro incremento ultimo

O comando seq imprime uma sequência de números, dentro de um intervalo informado, com a possibilidade de um incremento definido.

O seq aceita como parâmetro somente o último item. Neste caso ele inicia em 1:

```
$ seq 5
1
2
3
4
5
```

Ou informando o início e fim de um intervalo:

```
$ seq 3 6
3
4
5
6
```

Ou ainda o início e fim com um incremento:

```
$ seq 2 3 12
2
5
8
11
```

Ele pode ser um comando um tanto obscuro e sem sentido, mas veja esse exemplo de uso do seq:

```
#!/bin/bash
echo "Digite o ano: "
read ano
for MES in $(seq -w 1 12) ; do
echo -n "Último dia do Mês $MES/$ano = "
echo $(cal $MES $ano) | awk '{print $NF}'
done
```

Neste exemplo o script pergunta o ano, e diz o último dia de cada mês:

```
$ ./ultimodia
Digite o ano:
2019
Último dia do Mês 01/2019 = 31
Último dia do Mês 02/2019 = 28
( ... )
Último dia do Mês 12/2019 = 31
```

exec

$ exec comando

O comando exec serve para invocar outros comandos, programas ou processos sem criar um processo filho, substituindo o processo atual pelo processo que se deseja executar. Não é algo utilizado com frequência.

Por exemplo, se você estiver no terminal e digitar o comando exec ifconfig, obterá o resultado do comando ifconfig, mas não terá mais o shell em seguida, pois o processo Bash será substituído pelo ifconfig:

```
$ exec ifconfig
en1: flags=8863<UP,BROADCAST,SMART,RUNNING,SIMPLEX,MULTICAST> mtu
```

```
1500
   ether c8:bc:c8:dc:c1:05
        inet6 fe80::cabc:c8ff:fedc:c105%en1 prefixlen 64 scopeid
0x5
        inet 10.0.1.5 netmask 0xffffff00 broadcast 10.0.1.255
        nd6 options=1<PERFORMNUD>
        media: autoselect
        status: active
 [Processo concluído]
```

O exec é um programa legado "velho", no tempo em que criar um processo filho ao se executar um programa consumia uma memória escassa e uma CPU compartilhada lenta. Ele simplesmente copia o "binário" do programa que executa por cima do processo que está em execução, evitando alguns ciclos de CPU para se criar cabeçalho e buffers de um programa filho.

"O maior empresário de todos os tempos foi Tutankamon, que construiu as pirâmides há 5 mil anos e elas até hoje produzem riqueza."
-- Peter Drucker, pai da administração moderna.

106 - Interface de Usuário e Desktop

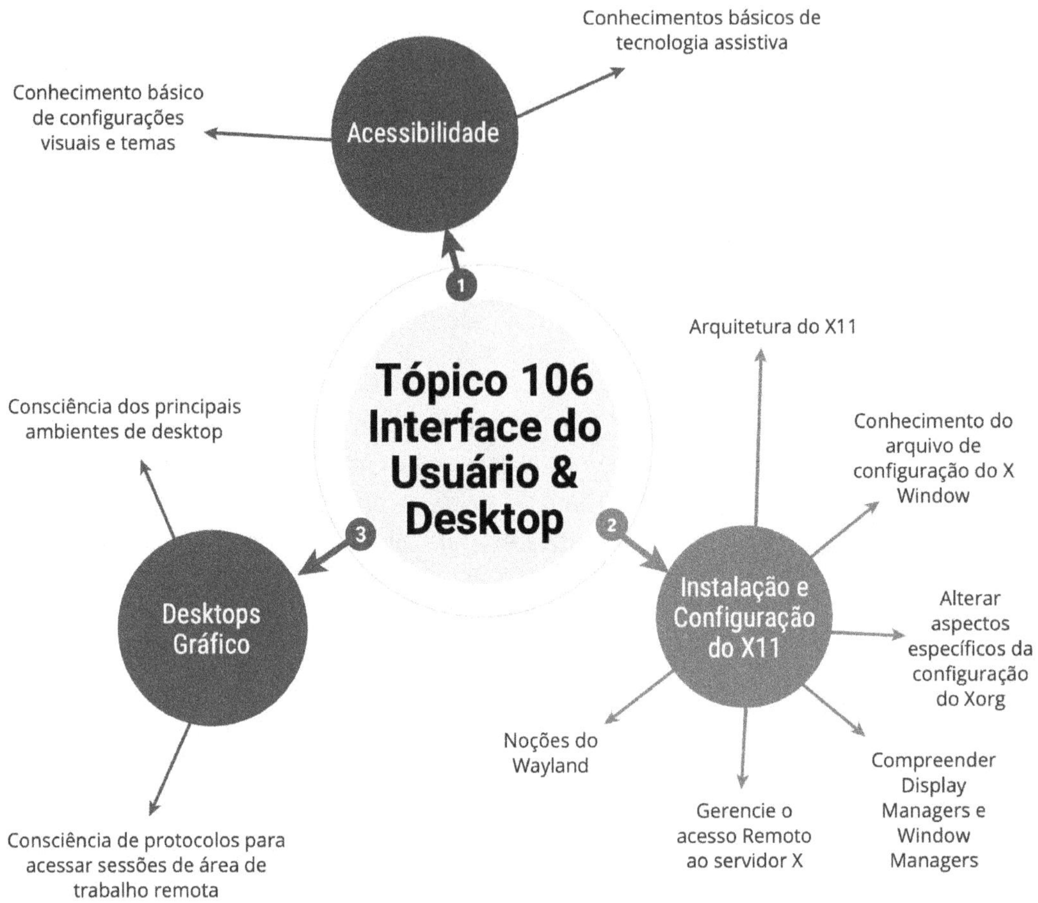
Tópico 106 Interface do Usuário & Desktop
1
Acessibilidade
Conhecimento básico de configurações visuais e temas
Conhecimentos básicos de tecnologia assistiva
2
Instalação e Configuração do X11
Arquitetura do X11
Conhecimento do arquivo de configuração do X Window
Alterar aspectos específicos da configuração do Xorg
Compreender Display Managers e Window Managers
Gerencie o acesso Remoto ao servidor X
Noções do Wayland
3
Desktops Gráfico
Consciência dos principais ambientes de desktop
Consciência de protocolos para acessar sessões de área de trabalho remota

"Você não pode sequer encher de ar os pulmões uma só vez de Deus assim não o desejar". -- Fazendeiro de sessenta anos na Índia.

O X Window System ou simplesmente "X" é um sistema gráfico baseado em arquitetura cliente-servidor entre o hardware e o ambiente de trabalho. Ele provê uma infraestrutura de janelas e interface de aplicativos padrão - API. Ele é uma aplicação do usuário e não parte integrante do sistema operacional e segue à risca a tradição de sistemas modulares com funcionalidades ricas, bem definidas, independentes, transparentes e extensíveis.

Ele foi criado originalmente pelo MIT - Massachussets Institute of Technology com suporte da Digital Equipment Corporation. Ele é mantido pela organização XFree86 Project, que distribui o código aberto do sistema X Window. Desenvolvido para o UNIX e outros sistemas UNIX-like como o Linux, variantes do BSD, Sun Solaris x86, Mac OS X, OS/2 e Cygwin.

Em 2004 vários desenvolvedores do XFree86 se desentenderam, principalmente sobre a forma de licença do software, e criaram uma cópia (fork) do projeto XFree86, que seria mantida por uma nova organização chamada X.org Foundation.

O X é responsável por funções básicas de desenho de formas e cores na tela, interface de rede e controles básicos. O acabamento das janelas, como bordas, ícones etc. são responsabilidade das camadas adicionais de software como os Desktops Managers KDE, GNOME, XFCE, MATE, CINNAMON, etc.

Praticamente todas as distribuições Linux inclui o X11 como padrão e os gerenciadores de janelas KDE, GNOME ou XFCE.

O exame 102 aborda a instalação, configuração do ambiente X11, assim como customização para placas de vídeo e monitores. A instalação de gerenciadores de janelas como o XDM, GDM, KDM e LightDM e adequação do ambiente de trabalho também são requeridos.

Por último, este tópico trata das ferramentas de acessibilidade do Linux.

106.1 - Instalação e Configuração do X11

As novas versões do Linux configuram automaticamente o ambiente gráfico com X.Org. Isso era uma tarefa árdua alguns anos atrás.

Arquitetura do X.org

O X.Org usa uma arquitetura Cliente-Servidor. Neste modelo, existe programa que atua como Servidor X e existem programas clientes que comunicam com esse servidor X.

O Servidor X é responsável por fazer a interface entre os programas-cliente e o usuário. É o servidor X que se comunica com o teclado, mouse e monitor de vídeo. É o X Server que comunica diretamente com o Kernel e com os Drivers de vídeo. Ele pode fazer uso de módulos de aceleração de vídeo, suporte de fontes, composição de vídeo, etc.

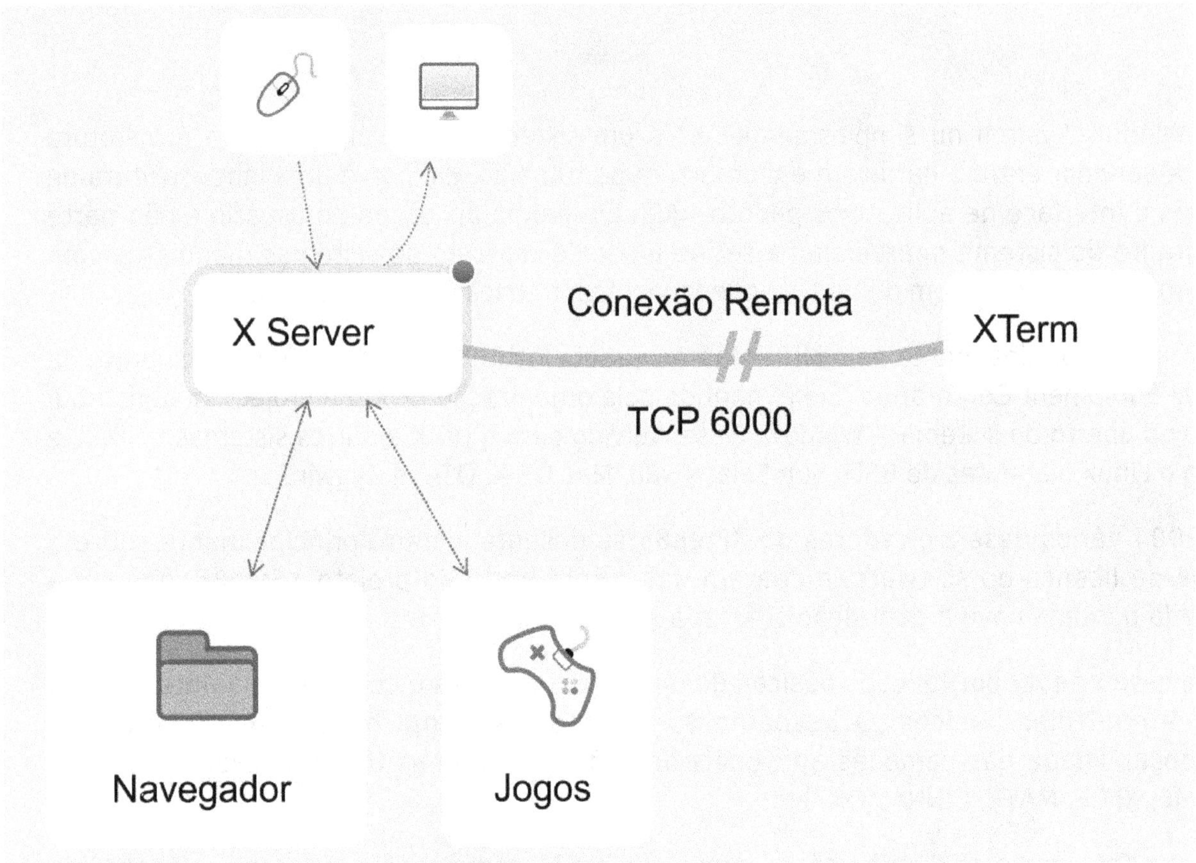

Figura 2 - Arquitetura do X

Neste tipo de arquitetura, o X Server e os programas cliente podem executar em uma mesma máquina, ou em máquinas diferentes, e até mesmo de arquiteturas diferentes. A comunicação entre o servidor e o cliente X usa o protocolo X11 Network Protocol e pode ser feita pela Internet, de forma segura, em redes privadas VPN e até encriptada.

O X.Org utiliza a porta TCP 6000 para se comunicar entre as aplicações clientes e o X Server.

Window Manager

A parte gráfica do ambiente que dá forma as janelas, ícones, contornos de tela, decoração e aparência é chamado de gerenciador de janelas. Ele adiciona mais uma "camada", responsável por dar uma forma "bonita" e amigável para o usuário das janelas das aplicações. É o gerenciador de janelas que compõe os contornos, botões de janela e toda a decoração. Isto facilita muito o trabalho do desenvolvedor, que não precisa se preocupar com uma série de detalhes e adequações e de "preferências do usuário", deixando isso a cargo do gerenciador de janelas.

Ele da a forma para que as janelas do aplicativo se apresentem ao usuário, bem como gerencia as várias janelas de aplicativos, mantendo o controle de quais estão abertas e fornecendo recursos para alternar entre elas.

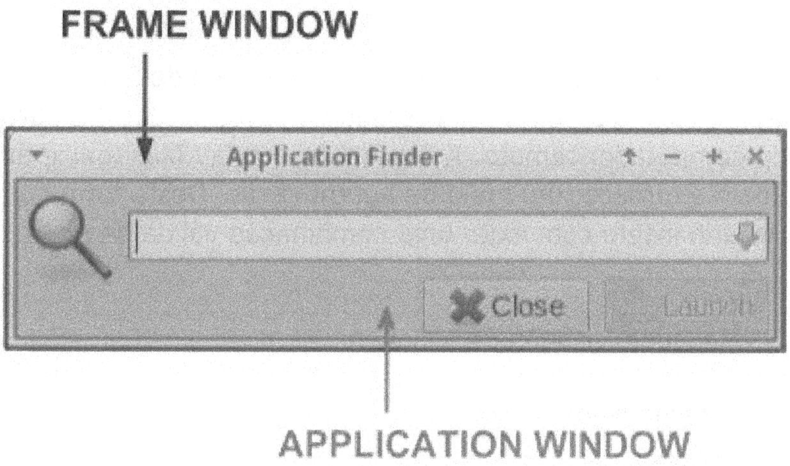

Figura 3 – Frame Window

No X.Org o gerenciador de janelas funciona como um programa-cliente para o X Server que "captura" as transações entre as aplicações e o X Server, adicionando toda a aparência e decoração. Ele funciona como uma aplicação comum, mas faz chamadas especiais de captura de instruções das outras aplicações, adiciona toda a decoração das janelas, e envia a janela decorada para a placa de vídeo.

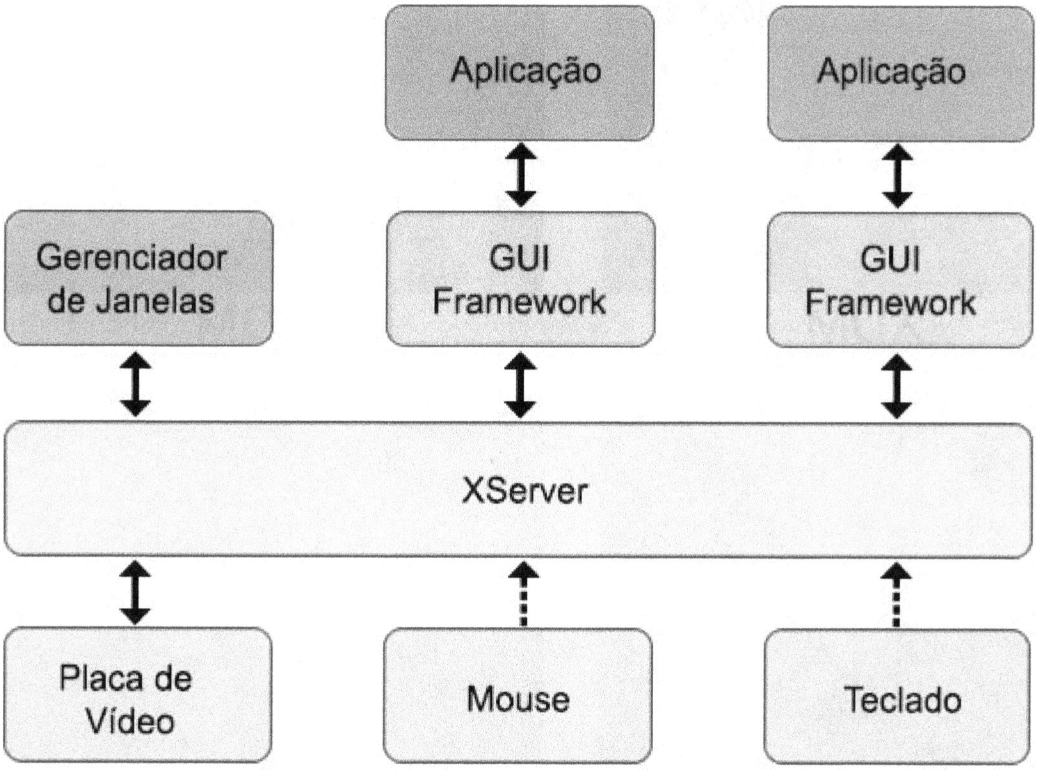

Figura 4 – Window Manager

Uma vez que o gerenciador de janelas é um programa cliente do X Server, esta arquitetura permite que o usuário escolha seu gerenciador de janelas preferido, com suas preferências de fundo, cores, botões, contornos, aparência, etc.

Display Manager

No X Window System ainda existe um outro componente chamado de Display Manager que é um gerenciador de login gráfico que inicia uma sessão em um servidor X a partir do mesmo computador ou de um computador remoto. A função do Display Manager é apresentar ao usuário uma tela de login e fornecer um meio de autenticação. Desta forma, uma sessão é iniciada quando um usuário insere com êxito uma combinação válida de nome de usuário e senha.

Existem vários Displays Managers disponíveis, a saber:

- GDM - Gnome Display Manager
- LXDM - LXDE Display Manager
- XDM - X.Org Display Manager
- LightDM - Light Display Manager
- SDDM - Simple Desktop Display Manager (sucessor do KDM)

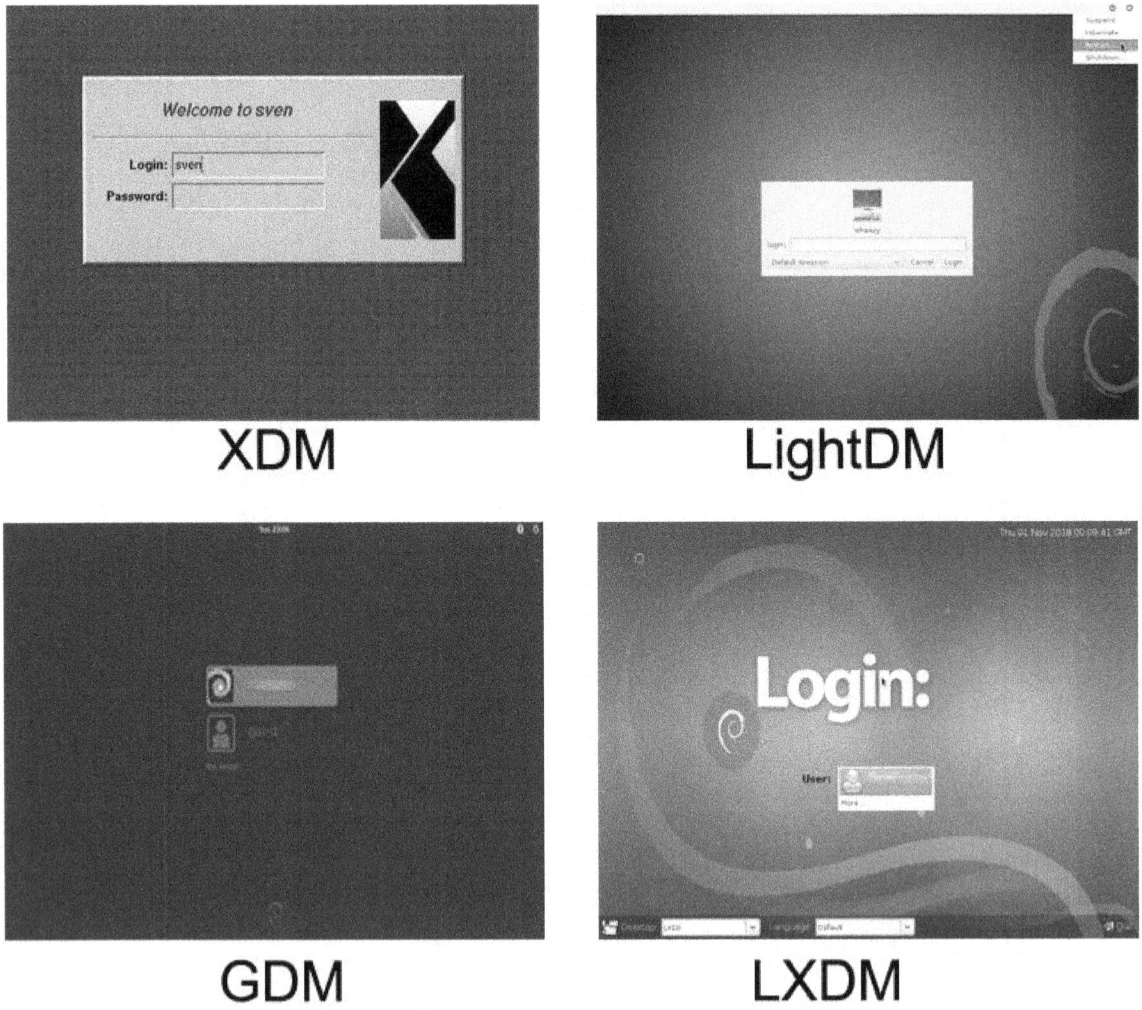

Figura 5 - Display Manager

Selecionando um Display Manager padrão

O usuário pode optar por instalar seu gerenciador de exibição padrão através da instalação do pacote com o Display Manager apropriado.

Sempre que um pacote do Display Manager for instalado e configurado, ele tentará detectar se há outro gerenciador de exibição instalado no momento. Se assim for, abrirá uma caixa de diálogo perguntando qual você gostaria de usar como padrão. Para alterar isso mais tarde, você pode reconfigurar qualquer pacote do gerenciador de exibição instalado e a caixa de diálogo reaparecerá. Por exemplo:

```
# dpkg-reconfigure lightdm
# dpkg-reconfigure gdm3
# dpkg-reconfigure sddm
```

Qualquer um destes seria válido. Observe também que suas opções não estão limitadas a esses três pacotes, mas elas são fornecidas como exemplos comuns de pacotes do Display Manager instalados.

Desktops Gráficos

Uma outra abstração da arquitetura do X.Org é o ambiente de Desktop, ou Desktop gráfico.

Esse conceito pode ser dividido em vários componentes que funcionam de forma independente e interagem entre si para fornecer a aparência e a funcionalidade do ambiente de trabalho.

Uma parte fundamental de um Desktop Gráfico é o Window Manager (gerenciador de janelas). Outra parte importante desta abstração é o software de Gerenciamento de Arquivos (como o explorer do Windows, ou File Manager do Linux), responsável por gerenciar arquivos e pastas e apresenta-os de uma forma que o usuário ache conveniente.

O Gerenciador de Arquivos também fornece operações de arquivo como visualização, cópia ou movimentação, alteração de permissões e exclusão.

Os Desktop Gráficos geralmente fornecem também utilitários para definir papéis de parede e protetores de tela, exibir ícones na área de trabalho e executar algumas tarefas administrativas. Eles podem, opcionalmente, incluir processadores de texto, aplicativos de gravação de CD/DVD, navegadores de Internet e clientes de e-mail.

Algumas distribuições permitem que o usuário escolha qual ambiente de Desktop quer utilizar no momento da instalação. Mas a maioria vem com um gerenciador pré-determinado, que dá a característica à distribuição.

Os Desktops Gráficos mais comuns são:

- KDE
- LXDE

- GNOME
- MATE
- Cinnamon
- Enlightement

Instalação do X.Org

O melhor local para baixar o X.Org é diretamente do repositório da distribuição, pois o próprio site do X.org não fornece os binários do projeto.

A melhor maneira de fazer a instalação do Ambiente Gráfico é através de Grupos de Software que as distribuições criam para facilitar, instalando vários pacotes relacionados de uma só vez, facilitando assim a administração do sistema. Um grupo de software de um Desktop Gráfico já instala os pacotes do X.Org como dependência do ambiente gráfico.

Em um Linux baseado em RPM, pode-se utilizado o comando "yum grouplist" para ver a lista de grupos de pacotes relacionados a um determinado ambiente gráfico:

```
# yum grouplist
    Ambiente de trabalho Cinnamon
    Ambiente de trabalho MATE
    KDE Desktop.
    Xfce
```

Para instalar algum ambiente gráfico, como por exemplo o XFCE:

```
# yum groupinstall Xfce
```

O mesmo pode ser feito em um Linux baseado em Debian, utilizando o comando apt-cache, buscando os "metapacotes" que funcionam como os grupos de pacotes do Yum:

```
# apt-cache search . | grep -i "metapackage\|meta-package" | grep
Desktop
mate-desktop-environment - MATE Desktop Environment (metapackage)
mate-desktop-environment-core - MATE Desktop Environment (essential
components, metapackage)
mate-desktop-environment-extras - MATE Desktop Environment (extra
components, metapackage)
xfce4 - Meta-package for the Xfce Lightweight Desktop Environment
```

Para instalar, utiliza-se o apt, com o nome do meta-pacote:

```
# apt install xfce4
```

Configurando o X Server

A configuração do X pode variar de acordo com a preferência de cada distribuição Linux. Mas geralmente o X.Org cria um arquivo de configuração chamado **xorg.conf**.

Este arquivo é criado durante o processo de instalação, quando o chipset, monitor, teclado, mouse e outros periféricos de entrada e saída de dados são detectados e configurados. Geralmente ele fica no diretório **/etc/X11/**.

No entanto, é importante você saber que dependendo da distribuição, as configurações do X.Org podem ser encontradas nos seguintes diretórios:

- /etc/X11/
- /usr/etc/X11/
- /etc/X11/xorg.conf.d

O diretório **/etc/X11/xorg.conf.d** tem sido preferido pela maioria das distribuições para guardar vários arquivos com extensão "**.conf**" que antigamente compunham o xorg.conf. Assim, para melhor organização, a configuração foi dividida em pequenos arquivos, cada um com uma configuração específica:

```
$ ls -1 /etc/X11/xorg.conf.d/
00-keyboard.conf
10-libvnc.conf
90-prlmouse.conf
```

xorg.conf

Este é o principal arquivo de configuração do X11, e contém as seguintes configurações:

- Caminho do diretório das fontes (Ex. Arial, Times, Sans, etc);
- Quais módulos serão carregados;
- Quais são os dispositivos de entrada de dados (teclado, mouse, mesas digitais, etc.);
- Qual o chipset de vídeo;
- Qual o tipo de monitor;
- Quais as resoluções de tela suportadas;

Este arquivo é dividido em sessões:

- "**Files**": Especifica o caminho das fontes, base de dados RGB e dispositivos de entrada;
- "**Module**": Configura os módulos extras que serão carregados;
- "**InputDevice**": Configura o tipo de teclado e mouse;
- "**Monitor**": Configura o tipo de monitor;

- "**Modes**": Configura os modos de resolução e cores suportados;
- "**Screen**": Configura os modos de vídeo de acordo com as configurações do monitor e placa de vídeo;
- "**Device**": Configura o módulo do driver de vídeo;
- "**ServerLayout**": Configurações extras do X que amarram as sessões Screen e Input-Device.

Veja no exemplo um pedaço do Xorg.conf:

```
Section "Files"
    ModulePath    "/usr/lib/xorg/modules"
    FontPath      "/usr/share/fonts/misc"
    FontPath      "/usr/share/fonts/100dpi:unscaled"
    FontPath      "/usr/share/fonts/75dpi:unscaled"
    FontPath      "/usr/share/fonts/TTF"
    FontPath      "/usr/share/fonts/Type1"
EndSection
Section "InputDevice"
    Identifier  "Keyboard0"
    Driver      "kbd"
EndSection
Section "InputDevice"
    Identifier  "Mouse0"
    Driver      "mouse"
    Option      "Protocol" "auto"
    Option      "Device" "/dev/input/mice"
    Option      "ZAxisMapping" "4 5 6 7"
EndSection
```

É importante que você guarde para os exames:

- O xorg.conf é dividido em sessões, que começam com a palavra "Section" e terminam com "EndSection";
- Cada sessão tem seu nome, indicando sua função;

Configurações de Layout de Teclado
Faz parte do exame saber alterar o layout de teclado do X.Org. Para fazer isso você precisa procurar a sessão "InputDevice" e o identificador "keyboard" no arquivo xorg.conf se ele existir, ou procurar o arquivo de configuração de teclado no diretório /etc/X11/xorg.conf.d.

```
$ cat /etc/X11/xorg.conf.d/00-keyboard.conf
Section "InputClass"
        Identifier "system-keyboard"
        MatchIsKeyboard "on"
```

```
        Option "XkbLayout" "us"
EndSection
```

A opção XkbLayout pode ser alterada por exemplo para o teclado ABNT:

```
Section "InputClass"
Identifier  "system-keyboard""
MatchIsKeyboard "on"
Option      "CoreKeyboard"
Option "XkbRules" "xorg"
Option "XkbModel" "abnt2"
Option "XkbLayout" "br"
EndSection
```

Acesso Remoto ao Servidor X Window

O X.org permite que máquinas remotas possam se conectar no servidor X Window e iniciar aplicações remotamente, com espelhamento da tela para a máquina remota.

xhost

O aplicativo **xhost** é um programa de controle de acesso ao X Server, que pode ser utilizado para adicionar ou apagar hostnames ou usuários na lista de permissões de acesso ao X Window Server.

Se utilizado sem nenhum parâmetro, o xhost mostra uma lista de usuários ou hostnames que estão autorizados a conectar no X Server:

```
$ xhost
access control enable, only authorized clientes can connect
INET:notebook1.certificacaolinux.com.br
```

No exemplo acima, o host notebook1.certificacaolinux.com.br está autorizado a conectar no X Server.

Para adicionar um host, basta informar o nome do host sucedido do sinal + :

```
$ xhost +notebook2.certificacaolinux.com.br
```

Para remover um host, apenas troque o sinal + por - :

```
$ xhost -notebook2.certificacaolinux.com.br
```

Nunca abra o servidor para qualquer cliente, com o comando abaixo, pois isto representa uma brecha na segurança do seu host:

```
$ xhost +
access control disabled, clientes can connect from any host
```

Variável DISPLAY

Como o X.Org é um sistema de interface gráfica ao usuário que trabalha no modelo cliente/servidor, ele possibilita executar aplicações gráficas em um servidor e controlar a aplicação de outra máquina. Para habilitar este recurso, basta informar na linha de comando (no terminal) qual o host para o qual o aplicativo deve enviar suas telas alterando a variável DISPLAY.

```
$ export DISPLAY=notebook1.certificacaolinux.com.br:0.0
```

Desta forma, as aplicações X terão suas telas enviadas para o notebook1.certificacaolinux.com.br, e executadas localmente. Isso possibilita que você possa rodar aplicações gráficas remotas, enxergando as telas na sua máquina local.

Como exemplo, você pode se conectar via SSH em um servidor remoto (exemplo:servidor1.certificacaolinux.com.br) e alterar a variável DISPLAY para jogar as telas das aplicações X na tela do seu notebook (notebook1.certificacaolinux.com.br).

A opção "-X" do ssh habilita o envio da porta X11 via SSH. A opção "-Y" também pode ser usada para o X11forwarding com conexão confiável.

No lado servidor é preciso que a opção "**X11Forwarding yes**" esteja habilitada no **/etc/ssh/sshd_config**. Na maioria das distribuições esta opção vem desabilitada por padrão.

Uma vez que você conecte em um host que esteja executando o X.Org, com a opção -X ou -Y do ssh, você pode executar as aplicações X normalmente.

A opção "-Y" ou "-X" do ssh já altera automaticamente a variável DISPLAY, sem a necessidade de alterar manualmente.

```
$ ssh -X uira@servidor1.certificacaolinux.com.br
$ xterm
```

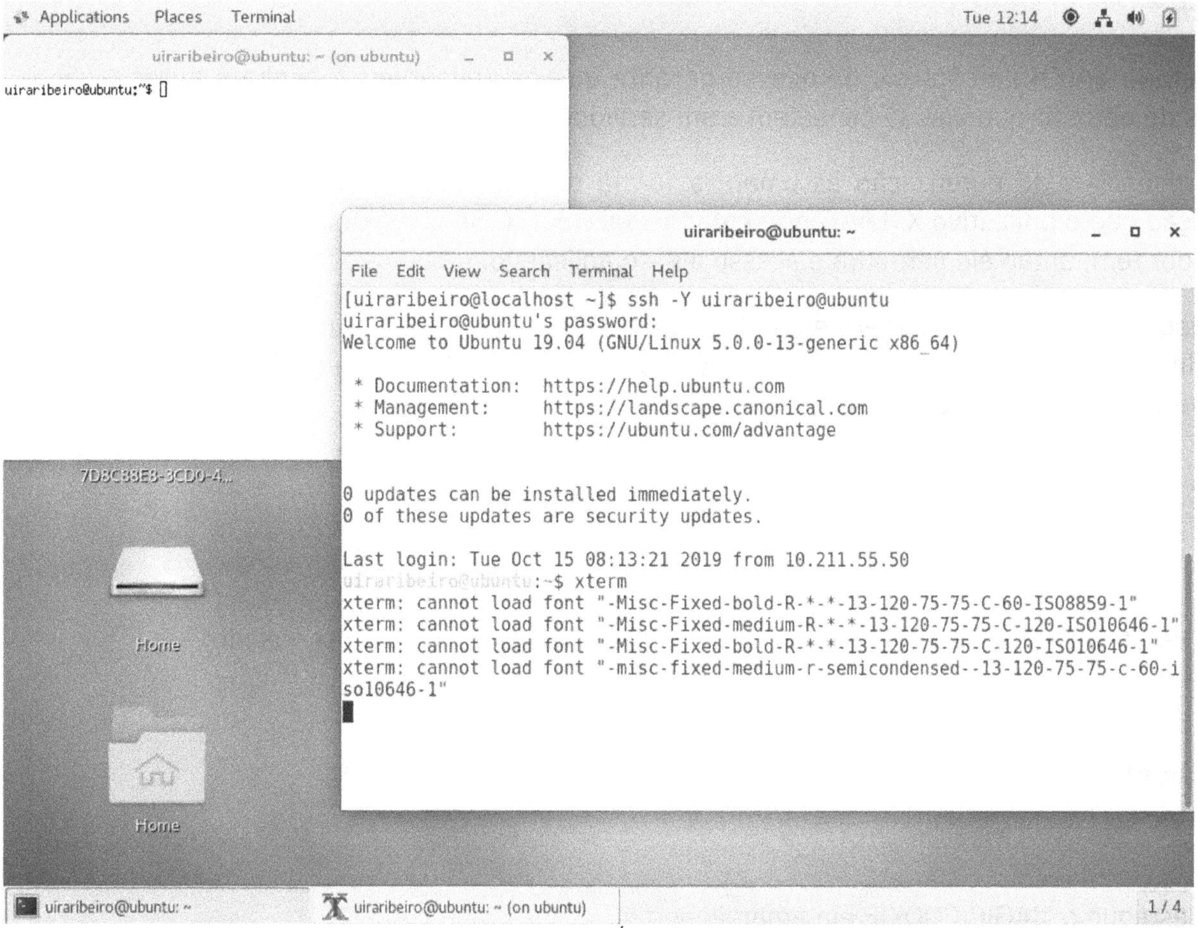

Figura 6 – Variável Display

Observe na figura 6 que um CentOS conectou em um host chamado "ubuntu" usando o ssh com a opção "-Y" e depois o usuário executou o **xterm**. Desta forma, a tela do terminal gráfico do xterm está executando no host ubuntu, e a tela está sendo enviada para o host local CentOs.

A variável DISPLAY é composta de:

```
Hostname:D.S
```

Onde:

Hostname: é o endereço do computador que executa o X Server. Se for omitido o hostname, o sistema entende que o hostname é a máquina local (localhost).

D: é um número sequencial que geralmente significa o monitor conectado ao computador. Geralmente o valor é zero.

S: é o número da tela. Um monitor pode ter várias telas. Geralmente só há uma e o valor é geralmente zero.

Depois de configurar a variável DISPLAY, você pode executar normalmente os aplicativos gráficos.

xauth

O método XAuth de controle de acesso garante que os aplicativos X tenham autorização antes de permitir que eles se conectem a um servidor X.

As credenciais de autorização assumem a forma de um "cookie mágico" específico para exibição que o aplicativo X deve apresentar ao servidor X. Se o cookie coincidir com o que o servidor tem, então ele permitirá o acesso a esse aplicativo.

O "Magic Cookie"' é um número em hexadecimal gerado pelo XDM, ou pelo próprio usuário, geralmente gravado no diretório HOME no arquivo .Xauthority com permissão de somente leitura e gravação pelo próprio usuário:

```
$ ls -lga ~/.Xauthority
-rw------- 1 uiraribeiro 52 Oct 15 08:13 .Xauthority
```

Para ver o conteúdo do arquivo .Xauthority, o comando xauth list pode ser usado:

```
$ xauth list
ubuntu/unix:10  MIT-MAGIC-COOKIE-1
05017278fd424f204937dc2745d82b5d
```

Em destaque o MAGIC-COOKIE em amarelo.

Para exempificar a utilização do xauth, imagine que você precisa executar um programa gráfico remotamente, mas este programa precisa ser executado com as permissões de um usuário especifico que não é o usuário que você usou para se conectar no servidor. A forma de passar as permissões de executar aplicativos X do usuário uiraribeiro para outro usuário facilmente é com o xauth.

Isto é comum por exemplo na instalação do banco de dados da Oracle, que pede que seja o instalador executado com um usuário chamado "oracle".

Desta forma o usuário pode se conectar no servidor usando o ssh com a opção -Y:

```
$ ssh -Y uiraribeiro@ubuntu
uiraribeiro@ubuntu:~$
```

E então verificar qual é o "Magic Coockie" do usuário:

```
uiraribeiro@ubuntu:~$ xauth list
ubuntu/unix:10  MIT-MAGIC-COOKIE-1
7b09953bba105ece6b42ab4a62789508
```

Agora, é possível executar um shell como novo usuário com o comando "sudo su oracle -":

```
uiraribeiro@ubuntu:~$ sudo su oracle -
oracle@ubuntu:~$
```

Se tentarmos executar qualquer programa X, não será possível porque não há permissão para o usuário oracle:

```
oracle@ubuntu:~$ xterm
X11 connection rejected because of wrong authentication.
xterm: Xt error: Can't open display: localhost:10.0
```

Então é preciso adicionar o MAGIC-COOKIE para o usuário oracle com o comando xauth add, copiando a linha que o comando "xauth list" gerou para o usuário uiraribeiro:

```
oracle@ubuntu:~$ xauth add ubuntu/unix:10  MIT-MAGIC-COOKIE-1
7b09953bba105ece6b42ab4a62789508
```

Uma vez adicionado o MAGIC-COOKIE do usuário uiraribeiro para o usuário oracle, é possível executar o instalador do Oracle, conforme a figura a seguir:

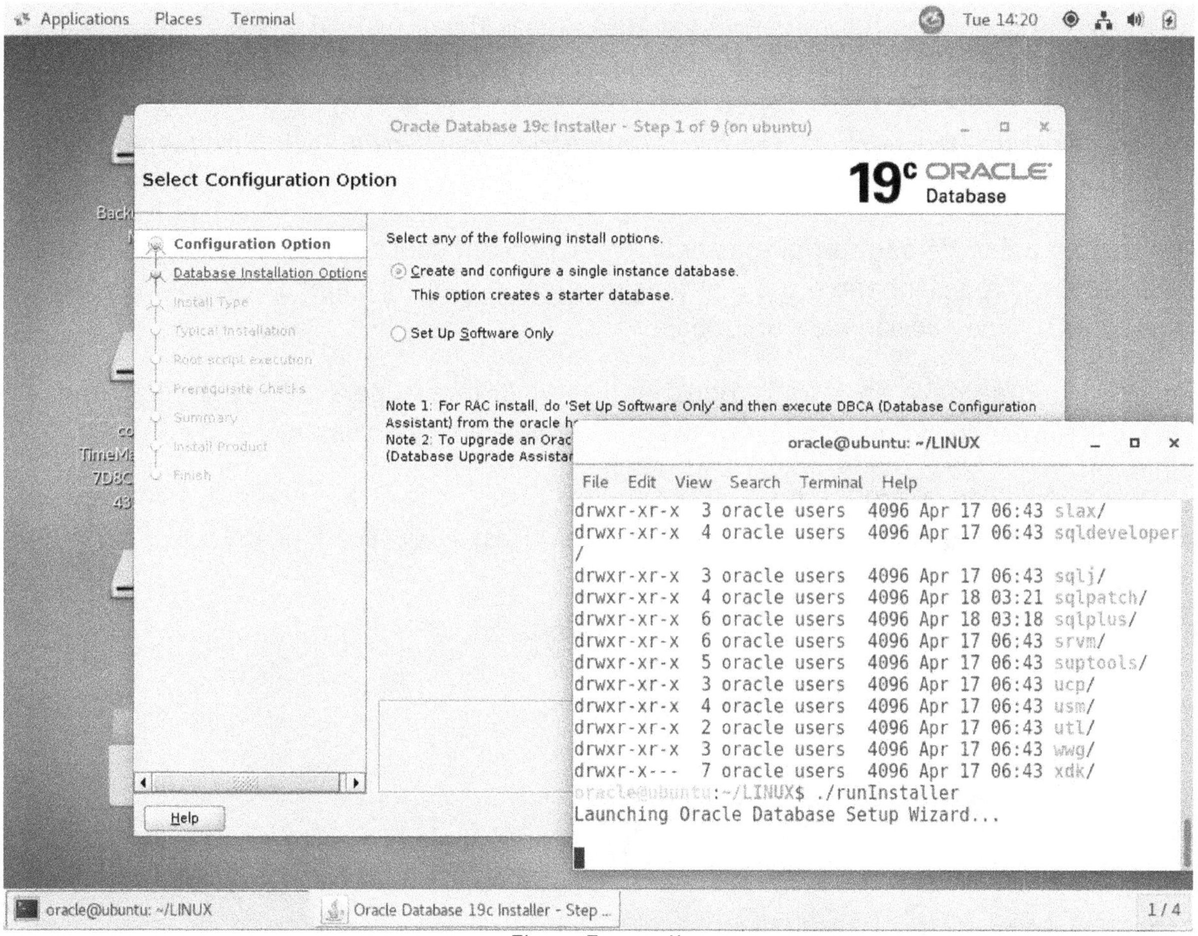

Figura 7 – xauth

.xsession-errors

As interfaces gráficas Linux (como o GNOME) fornecem uma maneira de executar aplicativos clicando em ícones em vez de executá-los manualmente na linha de comando.

No entanto, ao fazê-lo, a saída da linha de comando é perdida - especialmente a saída de erro (STDERR).

Para lidar com isso, alguns gerenciadores de exibição (como GDM) canalizam a saída de erro para **~/.xsession-errors**, que podem então ser usados para fins de depuração.

Note que, uma vez que todas as aplicações executadas desta forma despejam a saída para o **~/.xsession-errors**, ele pode ficar bastante grande e difícil encontrar mensagens específicas.

Executando o X.Org

Para executar o ambiente gráfico diretamente do terminal em modo texto, basta digitar "X":

```
$ X
```

Wayland

O Wayland é um substituto mais simples do X.Org, mais fácil de desenvolver e manter.

Seu criador, Kristian Høgsberg, também é programador do X.Org e iniciou o Wayland em 2008 como um projeto de tempo livre enquanto trabalhava para a Red Hat.

O objetivo do Wayland é permitir que as aplicações possam controlar a renderização, sem sombras, atrasos, redesenhamento ou cintilação, além de retirar camadas e camadas de software do X.Org que não são mais utilizadas.

O nome Wayland se deve ao fato de Høgsberg estar dirigindo pela cidade de Wayland, Massachusetts, quando os conceitos do software "cristalizaram" em sua mente.

O Wayland simplificou a arquitertura do X.Org, de forma que o X Server e o Windows Manager são um só componente, simplificando a arquiterura do servidor gráfico.

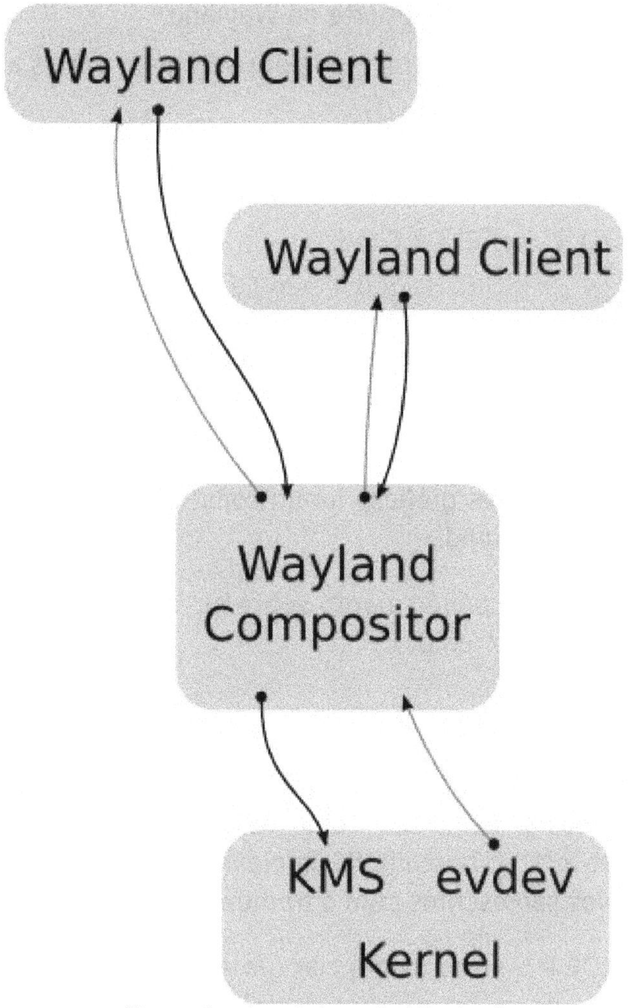

Figura 8 – Arquitetura do Wayland

O que tem de "errado" com o X.Org?

O problema com X.Org é que há uma enorme quantidade de funcionalidades que existem no protocolo X, mas que dificilmente será usado nos Desktops modernos.

Por exemplo, a API de renderização do X.Org permite desenhar linhas pontilhadas, polígonos, arcos largos e muitas outras funções de gráficos primitivos da década de 1980. Ninguém praticamente usa isso mais. Então, seu grande problema é o "software legado" desnecessário, que é difícil de ficar livre.

E para manter o X.Org moderno, foram adicionadas extensões como XRandr, XRender e COMPOSTE.

Com o Wayland foi possível substituir o servidor X por algo moderno, utilizado por Desktops e placas gráficas atuais, e ainda manter a tecnologia legada do X.Org como código opcional.

As seguintes distribuições usam o Wayland como servidor gráfico:

- O Fedora a partir da versão 25 usa o Wayland como sessão padrão do desktop GNOME 3.22.
- O Ubuntu usa o Wayland como padrão na versão 17.10.

- O KDE Neon Developer Edition tem suporte ao Wayland.
- O Arch Linux vem com o Wayland habilitado por padrão em vários ambientes desktop.

106.2 - Desktops Gráficos

Sem dúvida uma das belezas do Linux é a sua pluralidade de ambientes gráficos para todos os gostos, através de inúmeras distribuições e ainda assim manter toda a conformidade de ser um sistema operacional padrão.

Ao longo do tempo diversos ambientes gráficos foram construídos para funcionar no X.Org, e recentemente, migrados para o Wayland.

Dentre eles, o exame cobra algum conhecimento sobre os ambientes KDE, GNOME, XFCE e também alguns protocolos de acesso remoto.

KDE

O KDE é uma grande comunidade de desenvolvedores desde 1996 que desenvolvem um ambiente gráfico multiplataforma conhecido como **KDE Plasma**. Seu nome deriva de K Desktop Environment, e a letra "K" foi escolhida simplesmente porque vem depois de "L" de Linux. O KDE e seus aplicativos são escritos com o framework Qt.

O objetivo da comunidade KDE é tanto providenciar um ambiente que ofereça os aplicativos e funcionalidades básicas para as necessidades diária quanto permitir que os desenvolvedores tenham todas as ferramentas e documentação necessárias para simplificar o desenvolvimento de aplicativos para a plataforma.

O KDE se baseia no princípio da facilidade de uso e da personalização. Todos os elementos do ambiente gráfico podem ser personalizados: painéis, botões das janelas, menus e elementos diversos como relógios, calculadoras e miniaplicativos. A extrema flexibilidade para personalização da aparência permite até que temas sejam compartilhados pelos usuários.

O gerenciador de janelas KWin é responsável por fornecer uma interface gráfica organizada e consistente, e barra de tarefas intuitiva.

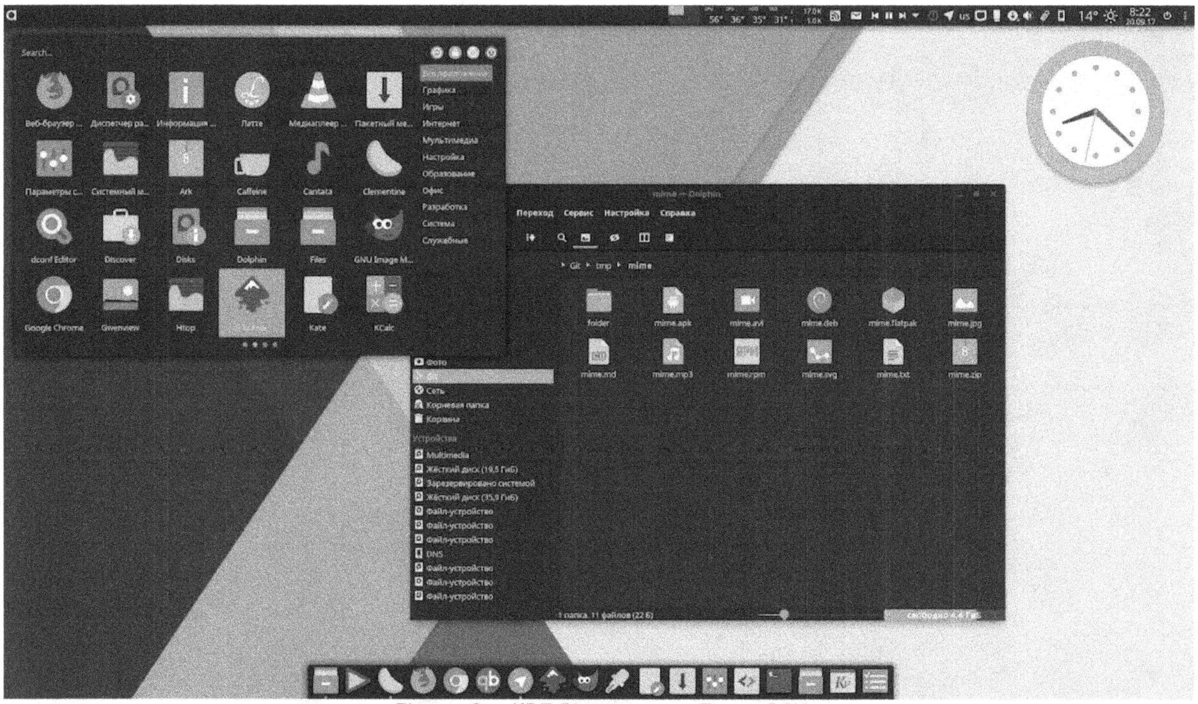

Figura 9 – KDE Plasma com Tema OSX

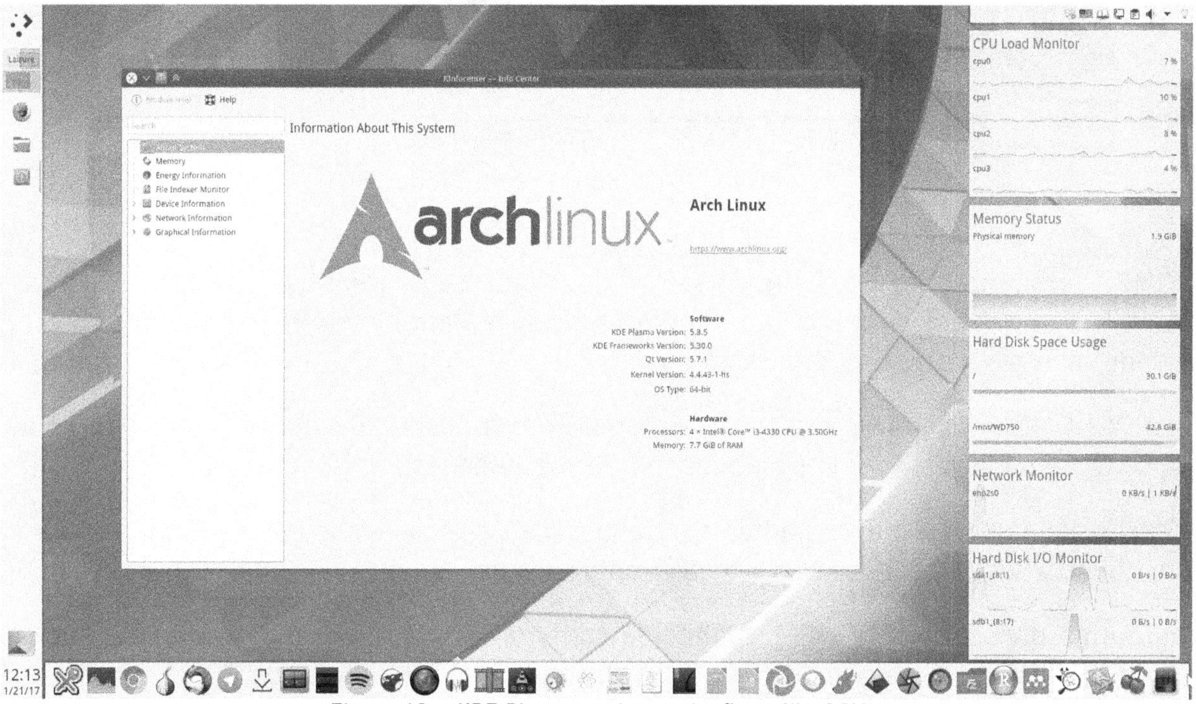

Figura 10 – KDE Plasma outra variação estilo OSX

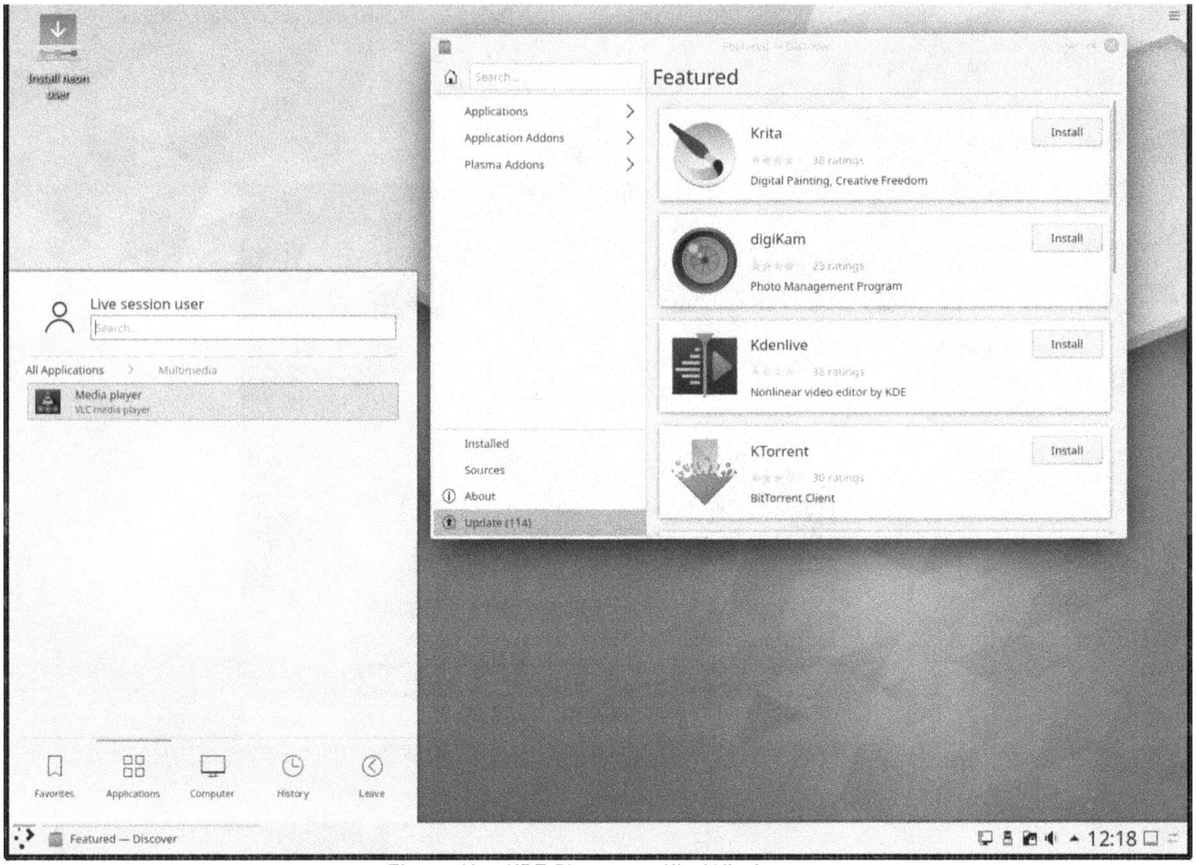

Figura 11 - KDE Plasma estilo Windows

GNOME

O GNOME (acrônimo para **G**NU **N**etwork **O**bject **M**odel **E**nvironment) é um projeto de software livre para ambiente gráfico também multiplataforma com ênfase especial a usabilidade, acessibilidade e internacionalização.

O Projeto GNOME é mantido por diversas organizações e desenvolvedores e faz parte do Projeto GNU. Seu principal contribuidor e mantenedor é a Red Hat.

O GNOME 3 é o ambiente gráfico padrão de grandes distribuições como Fedora, SUSE Linux, Debian, Ubuntu, Red Hat Enterprise, CentOS e tantos outros.

Há ainda uma divisão do GNOME 2 conhecida como MATE, uma vez que a mudança no ambiente do GNOME 2 para o GNOME 3 foi grande, e alguns usuários simplesmente preferiram ficar com o ambiente mais parecido com o GNOME 2.

Criado por dois mexicanos em 1997, descontentes na época com a falta de software livre para o Framework Qt, utilizado para desenvolvimento de aplicações para o KDE.

Desta forma, eles preferiram utilizar o GTK (Gimp Tool Kit) como framework padrão para o desenvolvimento do GNOME, uma vez que este já era licenciado pela GPL.

O GNOME 1 e 2 seguiram a tradicional da área de trabalho com "barra de tarefas".

O GNOME 3 mudou isso com o GNOME Shell, com um ambiente abstrato onde a alternância entre diferentes tarefas e desktops virtuais ocorre em uma área separada chamada "Visão

Geral".

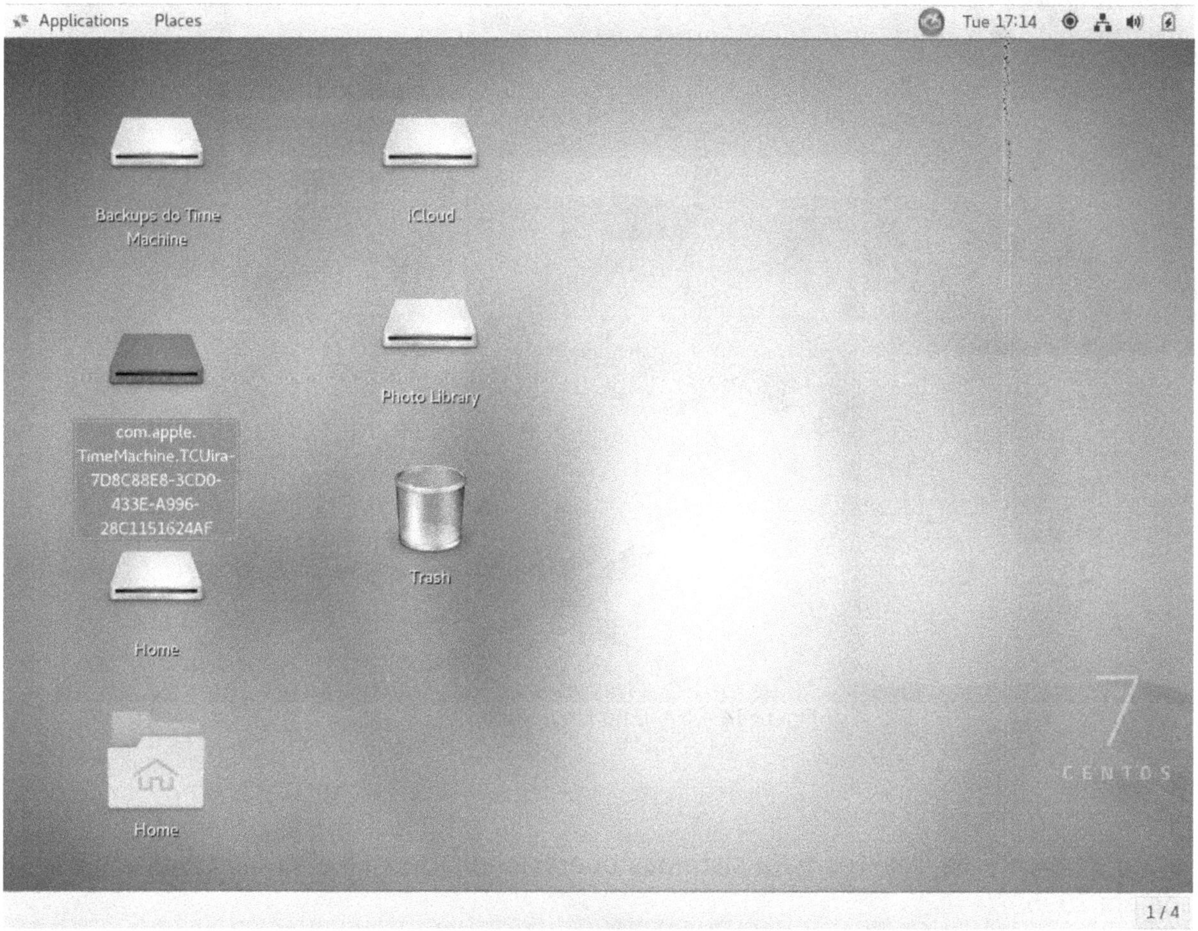

Figura 12 – GNOME 3 no CentOS

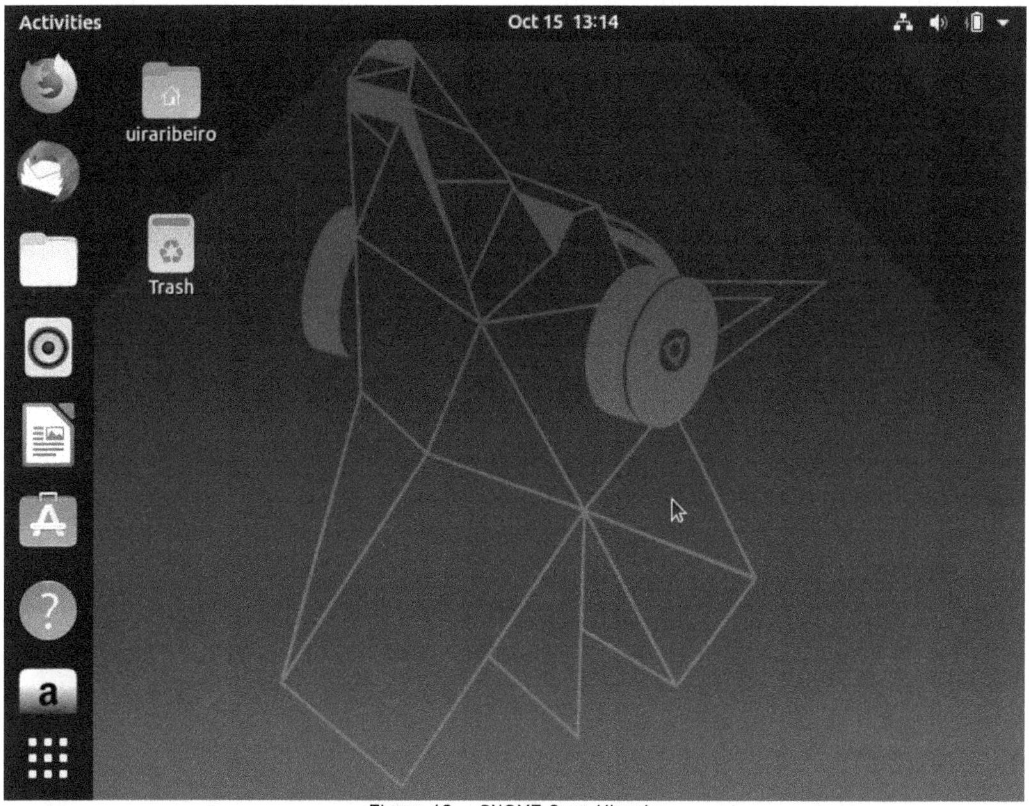

Figura 13 – GNOME 3 no Ubuntu

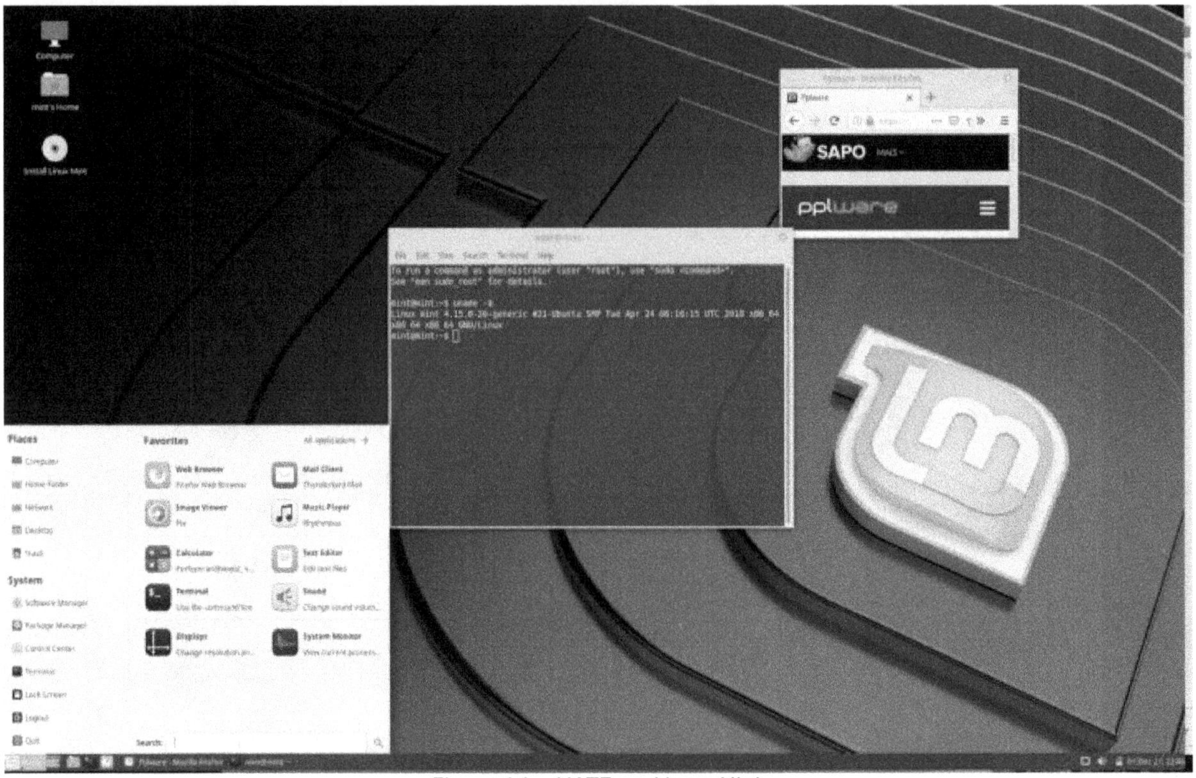

Figura 14 - MATE no Linux Mint

Xfce

Xfce é um ambiente de Desktop para sistemas operacionais Unix Like, como Linux e BSD, fundado em 1996.

O Xfce tem objetivo de ser leve, rápido e visualmente atraente. Ele incorpora a filosofia Unix de modularidade e reutilização e consiste em partes separadas empacotadas que, juntas, fornecem todas as funções do ambiente de trabalho, mas podem ser selecionadas em subconjuntos para atender às necessidades e preferências do usuário.

Como no GNOME, o Xfce é baseado no framework GTK, mas é um projeto totalmente diferente.

Ele é muito utilizado em distribuições que tem a intenção de serem leves, especialmente projetadas para rodar em hardware antigos.

O Xfce pode ser instalado em diversas plataformas UNIX, tais como NetBSD, FreeBSD, OpenBSD, Solaris, Cygwin, MacOS X, etc.

Dentre as distribuições que usam o Xfce, podemos citar:

- Linux Mint Xfce edition
- Xubuntu
- Manjaro
- Arch Linux
- Linux Lite

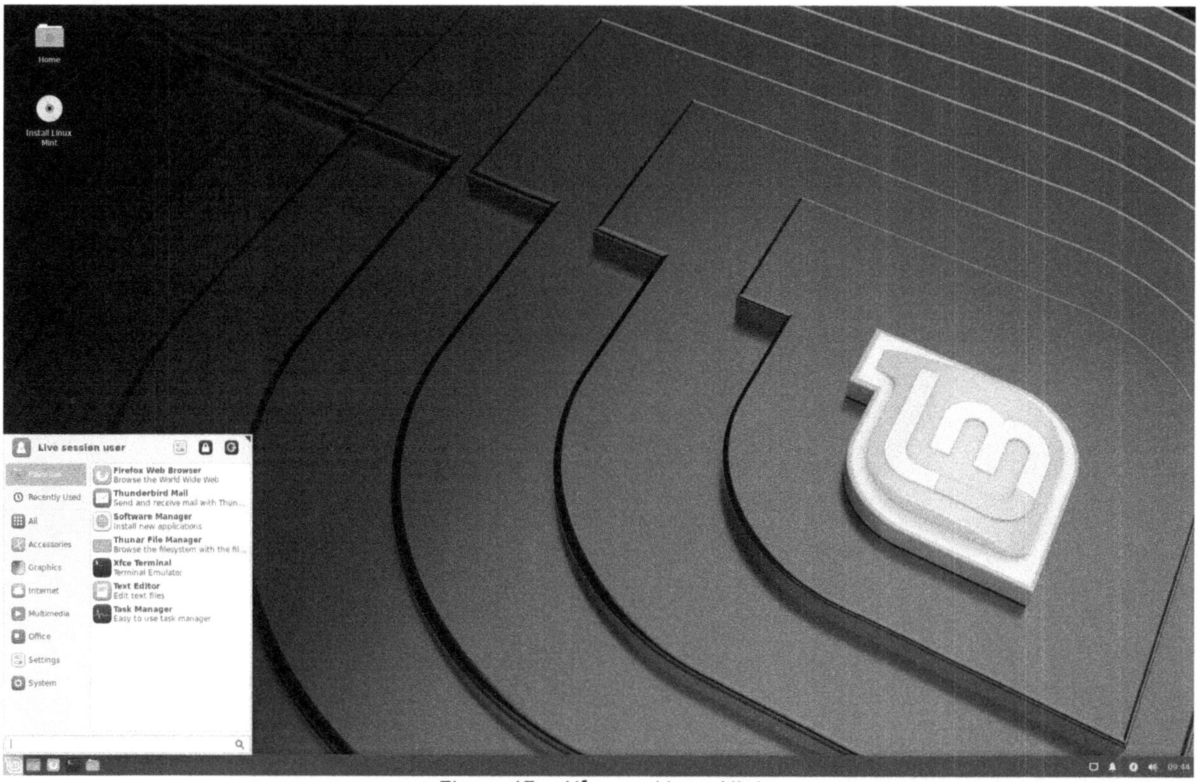

Figura 15 – Xfce no Linux Mint

Figura 16 – Xfce no Linux Manjaro

Protocolos de Acesso Remoto

Além do protocolo X11 utilizado pelo X.Org para conceder acesso remoto ao ambiente gráfico, outras ferramentas e protocolos também podem ser usados para permitir acesso à sessão de Desktop de forma remota, tais como: XDMCP, VNC, Spice e RDP.

X11

O protocolo X11 é a forma de comunicação nativa entre o X.Org Server e aplicações X.

Ele usa o TCP como protocolo de transporte, tipicamente entre a porta 6000 até 6063, iniciando na porta 6000, somado ao número do Display.

O controle de acesso ao protocolo pode se dar através de firewall, restringindo o acesso as portas 6000-6063 somente à hosts permitidos, além do controle na aplicação com o comando **xhost**.

XDMCP

A arquitetura do X.Org é tão modular que permite que o Gerenciador de Janelas execute no mesmo host que o X Server, ou remotamente em outro host.

O protocolo XDMCP (acrônimo para **X** **D**isplay **M**anager **C**ontrol **P**rotocol) foi criado para formatar a comunicação entre o X Server e o X Window Display Manager.

Ele usa o protocolo de transporte UDP na porta 177 e é inseguro, pois não criptografa seu tráfego.

O XDMCP é análogo ao telnet e, portanto, compartilha os mesmos problemas de segurança, permitindo, por exemplo por meio de uma rede sem fio, que qualquer pessoa possa "ouvir" o tráfego e gravar facilmente as sequências de teclas digitadas.

VNC

VNC é um conjunto de aplicativos que podem ser usados para acesso remoto ao ambiente gráfico. Ele consiste de um servidor, que fica escutando na porta TCP 5900, e um VNC Cliente, capaz de conectar nesta num servidor executando o VNC Server.

Ele é bastante utilizado para acesso remoto, uma vez que é multiplataforma, permitindo acesso remoto em Windows, Mac OS, Linux, AIX, HP-UX e Solaris.

Tão versátil, o cliente VNC pode ser executado na plataforma Java e em Mobile como nos dispositivos Apple iPhone, iPod touch, iPad e também no Google Android.

Sua autenticação é simples, através de uma senha configurada no VNC Servidor.

SPICE

O SPICE (acrônimo para **S**imple **P**rotocol for **I**ndependent **C**omputing **E**nvironments) é um sistema de exibição remota criado para ambientes virtuais que permite visualizar ambiente Desktop numa grande variedade de arquiteturas.

De todos os protocolos de conexão remota, o SPICE é o mais poderoso deles, pois fornece uma solução completa de acesso remoto a máquinas virtuais que permite reproduzir vídeos, gravar áudio, compartilhar dispositivos usb e compartilhar pastas sem complicações.

SPICE pode ser dividido em 4 componentes diferentes: **protocolo**, **cliente**, **servidor** e **convidado**.

O protocolo é a especificação na comunicação dos três outros componentes.

Um cliente é o visualizador remoto responsável por enviar dados e traduzir os dados da Máquina Virtual (VM) para que você possa interagir com ele.

O servidor SPICE é a biblioteca usada pelo hipervisor (Sistema Operacional Host), a fim de compartilhar a Máquina Virtual em Protocolo SPICE;

O convidado é todo o software que deve ser executado na Máquina Virtual, a fim de tornar SPICE totalmente funcional, como o driver QXL e SPICE VDAgent.

O SPICE é especialmente projetado para fornecer acesso remoto a máquinas virtuais com a experiência de uma máquina local.

RDP

O RDP (acrônimo para Remote Desktop Protocol) é um protocolo multi-canal criado pela Microsoft para acesso remoto ao Desktop.

Existem clientes RDP para a maioria das versões do Windows, e também para o Linux.

O servidor RDP escuta por padrão na porta TCP 3389.

O FreeRDP é uma implementação do RDP sob os termos do software livre, estando licenciado pela Apache License. Seguindo as Open Specifications da Microsoft, o FreeRDP fornece uma aplicação cliente para conexões através do protocolo RDP à partir do Linux para Servidores Windows.

A implementação **xrdp** também provê o lado servidor do RDP para o Linux, aceitando conexões de uma variedade de clientes como FreeRDP, rdesktop e do Microsoft Desktop Client.

106.3 - Acessibilidade

A Acessibilidade é a capacidade que um software tem de ser utilizado por pessoas portadoras de alguma deficiência ou mobilidade limitada. Isso inclui os cegos, pessoas com pouca visão, surdos, daltônicos, pessoas que só têm uma das mãos ou que só podem mover alguns dedos, paralisias, dentre outras necessidades especiais.

Nos Ambientes de Desktop existem uma série de recursos de acessibilidade nativos:

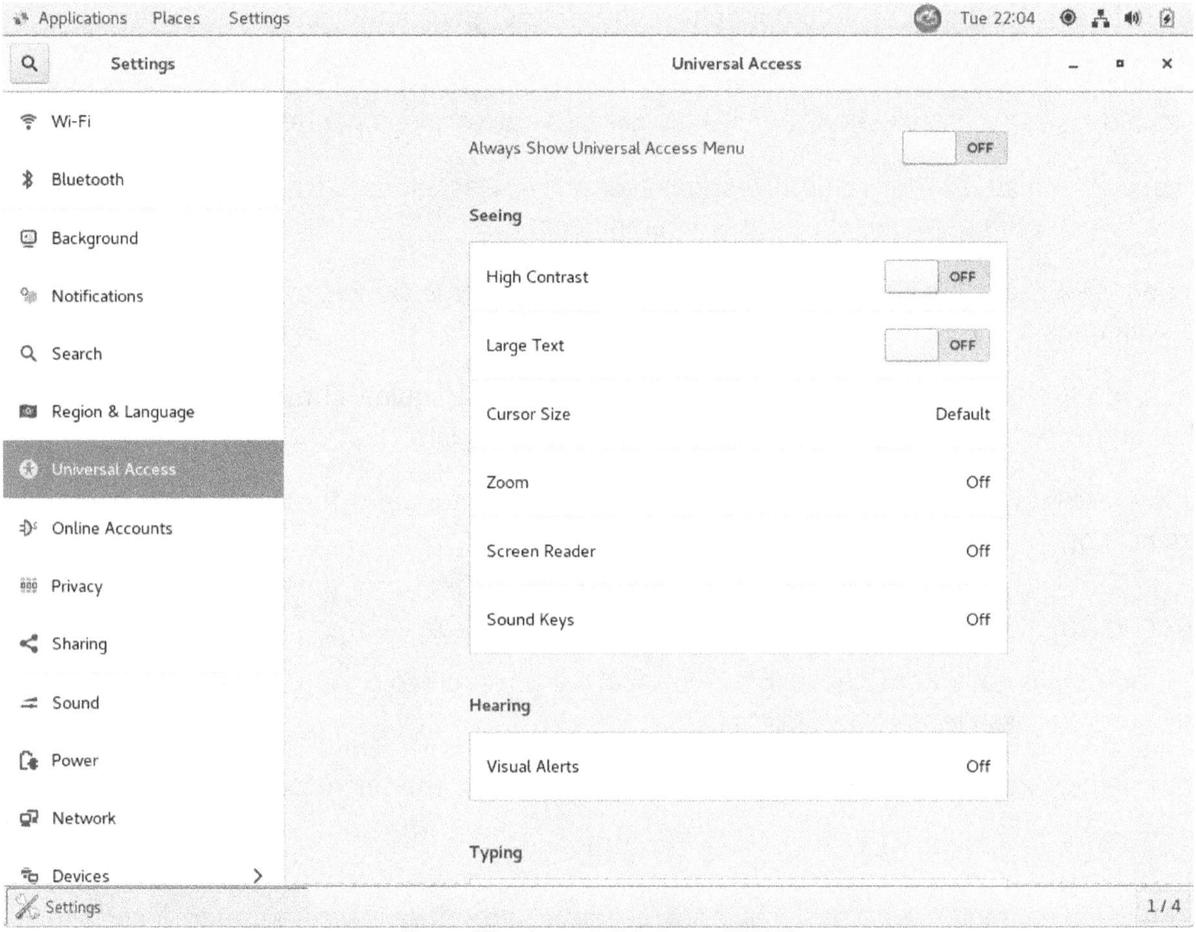

Figura 17 - Acessibilidade no GNOME

Acessibilidade implica, além do uso de dispositivos especiais, alguns cuidados do programador durante o desenvolvimento do software. Por exemplo, um software deve ser capaz de emitir uma mensagem na tela em conjunto com um alarme sonoro.

Um dos recursos mais utilizados em acessibilidade é o sintetizador de voz, que transformam o texto em áudio, bem como os ampliadores de tela, que funcionam como uma lupa para aumentar o tamanho da tela, bem como o forte contraste de cores.

O suporte ao shell em console de texto é relativamente simples, uma vez que os dispositivos em braile e os sintetizadores de voz são capazes de ler os textos apresentados na tela com facilidade.

O projeto GNOME vem desenvolvendo a AT-SPI (Assistive Technology Service Provider Interface). Esta interface facilita o desenvolvimento de softwares para leitura de telas, como o Orca.

O ORCA é um software de código aberto para leitura na tela. Ele utiliza a combinação de sintetizador de voz, braile e ampliação, Orca ajuda a fornecer acesso a aplicativos e ferramentas que suportam a AT-SPI. O desenvolvimento da Orca foi conduzido pelo Programa de Acessibilidade do Office da Sun Microsystems, Inc., com contribuições de muitos membros da comunidade. O site de acesso ao Orca é http://live.gnome.org/Orca.

No Ubuntu, o Orca pode ser habilitado ou desabilitado com Alt + Shift + S.

A maioria dos ambientes gráficos também tem um leitor de tela nativo.

O GNOME também permite um teclado visual na tela, de forma que o usuário pode orientar a digitação com o mouse, com o movimento dos olhos ou joysticks especializados.

Alguns aplicativos implementam acessibilidade de forma própria, como o emacspeak, uma versão "vocalizada" do emacs e o Firevox que é uma versão do Firefox que vem com um leitor de tela dedicado integrado.

O projeto Easystroke também possibilita o reconhecimento de gestos com o Mouse.

O projeto Simon permite o reconhecimento de comandos por voz.

Alguns recursos ainda são possíveis quando se trata de acessibilidade, tais como:

- Emular o mouse com o teclado numérico;
- Especificar a duração da pressão nas teclas até que o sistema aceite o que foi digitado;
- Ignorar o aperto rápido ou repetido de teclas;
- Aceitar a combinação de teclas em sequência ao invés de em conjunto;
- Emitir avisos sonoros quando alguma tecla especial for pressionada.
- Ignorar a repetição quando uma tecla for apertada por um longo tempo.

Alguns sites sobre acessibilidade podem ser pesquisados:

- KDE Accessibility Project: http://accessibility.kde.org/
- GNOME Accessibility Project: http://developer.gnome.org/projects/gap/
- KDE Usability Project: http://usability.kde.org/
- GNOME Usability Project: http://developer.gnome.org/projects/gup/

Os leitores de tela mais comuns são:

- Emacspeak: é um excelente leitor não gráfico para modo texto para usuários com pouca ou nenhuma visão. http://www.cs.cornell.edu/home/raman/emacspeak/
- Jupiter Speech System: também é um leitor de tela para modo texto. http://www.eklhad.net/linux/jupiter
- Screader: outro leitor de tela e sintetizador de voz para modo texto. http://www.euronet.nl/~acj/eng-screader.html
- Speakup: outro leitor de tela que requer um hardware específico de sintetizador de voz. http://www.linux-speakup.org
- ZipSpeak: é uma minidistribuição de Linux com sintetizador de voz. http://www.linux-speakup.org/zipspeak.html

Os ampliadores de tela mais comuns são:

- GMag: é um ampliador de tela para o X Window. http://projects.prosa.it/gmag/

- Puff: é um ampliador de tela para o X Window. http://trace.wisc.edu/world/computer_access/unix/unixshare.html
- Xzoom: é um ampliador de tela para o X Window. http://filewatcher.org/sec/xzoom.html

No X Window existe ainda uma aplicação chamada AccessX que permite alterar a configuração do teclado do terminal para melhorar a acessibilidade. São elas:

- StickyKeys: permite ao usuário travar as teclas modificadoras de funções (como control, alt, shift) de como que operações com mais de uma tecla podem ser feitas com apenas um dedo ao invés de vários dedos;
- MouseKeys: permite alternativas de teclado e mouse no movimento de cursor e operações com mouse;
- SlowKeys: permite que uma tecla deve ser pressionada por mais tempo para que seja válida, evitando que as teclas sejam pressionadas por acidente;
- ToggleKeys: emite um sinal de áudio que alerta o usuário quando uma determinada tecla é pressionada, como Caps Lock ou Num Lock;
- RepeatKeys: permite que um usuário com coordenação motora limitada tenha mais tempo para soltar as teclas antes que sequencias de múltiplas teclas possam ser enviadas para a aplicação;
- BouceKeys: permite que se determine um intervalo mínimo entre os toques das teclas de forma a prevenir toques não intencionais no teclado.

Na prova você deve ser capaz de associar o recurso de acessibilidade ao benefício que ele propõe aos usuários.

"Os líderes são distribuidores de esperança". -- Napoleão Bonaparte.

107 - Tarefas Administrativas

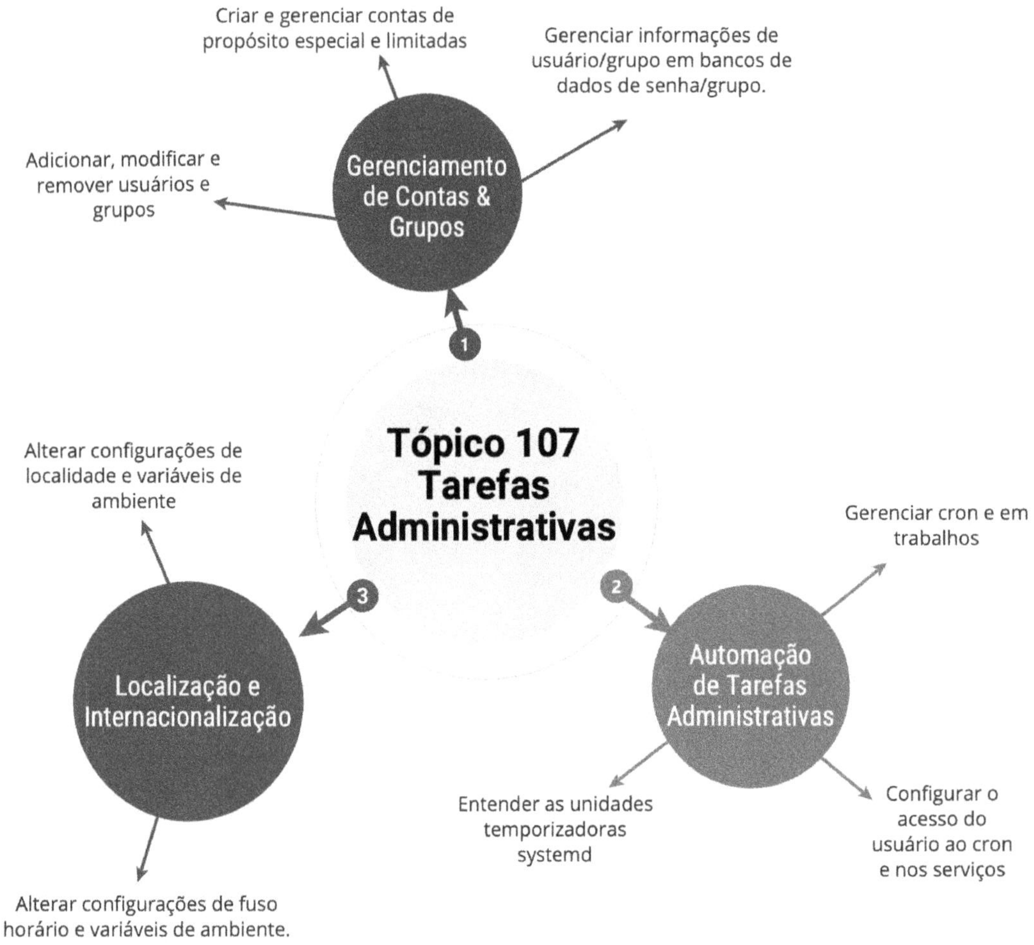

"É divertido fazer o impossível". -- Walt Disney.

Em sistemas operacionais multiusuário, é comum que o administrador gaste parte do seu tempo configurando contas de usuário e manutenções de rotina. Esse tópico do exame trata do gerenciamento de contas, usuários, grupos e senhas, bem como de automação de tarefas administrativas através do agendamento do sistema e por último da localização e internacionalização do sistema.

107.1 – Gerenciando Usuários e Grupos e Arquivos Relacionados

A administração das contas de usuário no Linux é relativamente fácil. As contas de usuário são gravadas em um arquivo especial chamado **/etc/passwd**.

/etc/passwd

Neste arquivo são gravados os dados como login do usuário, senha, identificador, grupo a que ele pertence, nome do usuário, diretório home e shell.

O formato do passwd é:

```
Login:senha:UID:GID:comentário:home:shell
```

Cada elemento que constitui o conteúdo do arquivo /etc/passwd é separado por **dois-pontos**, na seguinte sequência:

Login: O login é a identificação que o usuário vai utilizar no sistema. Este deve ser único, sem espaços e geralmente uma abreviação do nome. Algumas aplicações necessitam ter um usuário próprio que definirá as permissões de segurança;

Senha: O x representa a senha do usuário. Nos primórdios do Linux a senha criptografada era gravada neste campo no lugar do x. Mas como vários aplicativos e utilitários precisam ter acesso ao conteúdo do arquivo passwd, ele precisa ter permissões de leitura para todos. Logo se percebeu que não era muito seguro, e a senha criptografada foi colocada em outro arquivo especial chamado shadow com permissões de leitura somente para o root. Se a senha não contiver nenhum caracter (vazio), o login poderá ser permitido sem perguntar senha;

ID do usuário (User ID - UID): Este ID é numérico único para cada conta de usuário. Por definição o ID zero (0) é designado para o usuário **root**, que habilita os seus poderes como administrador do sistema. Por convenção os IDs de 1 a 99 são utilizados para uso administrativo e contas de usuário utilizadas por serviços do sistema;

ID do Grupo (Group ID - GID): Este é o ID numérico do grupo ao qual o usuário pertence.

Os usuários podem pertencer a grupos de trabalho para facilitar o compartilhamento de informações e gerência da segurança do sistema. O Group ID - GID precisa estar cadastrado no arquivo de controle de grupo /etc/group;

Nome do usuário ou comentário: Este campo alfanumérico aceita espaços e é reservado para o nome do usuário ou qualquer outra observação pertinente;

Diretório Home: O diretório home é diretório padrão para a conta de usuário. É neste diretório que o dono da conta tem privilégios especiais. Neste campo do arquivo passwd deverá ser colocado o caminho completo do diretório home;

Shell: Neste campo é designado o executável do shell que cada usuário utiliza. O padrão é o Bourne Again Shell /bin/bash. Outros executáveis podem ser utilizados, como o /bin/sh, /bin/tcsh ou qualquer outro programa que será executado logo após o processo de logon do usuário. Existem arquivos especiais como o **/bin/false**. Este programa simplesmente não faz nada, proibindo o usuário da conta logar no sistema interativamente. Outra possibilidade é o arquivo /sbin/nologin. Este programa também não permite que o usuário entre no sistema de forma interativa, mas exibe uma mensagem que pode ser configurada no arquivo /etc/nologin.txt

As contas de usuário que contém um falso shell como o /bin/false ou /sbin/nologin geralmente são usadas como contas especiais, utilizadas por programas, como, por exemplo, para dar acesso limitado aos arquivos. Por exemplo, o servidor Web Apache utiliza a conta de usuário "apache" para delimitar em quais arquivos o programa httpd pode ser capaz de gravar.

Já a conta do superusuário root tem características especiais, como o UserID é zero e grupo zero. Isso confere à conta superpoderes e acesso ilimitado a todos os recursos do sistema.

Veja um exemplo de contas de usuário no /etc/passwd:

```
root:x:0:0:root:/root:/bin/bash
apache:x:48:48:Apache:/var/www:/sbin/nologin
openvpn:x:219:497:OpenVPN:/etc/openvpn:/sbin/nologin
zabbix:x:500:501::/home/zabbix:/bin/bash
uira:x:501:501::/home/uira:/bin/bash
```

/etc/shadow

Antigamente o Linux mantinha as senhas criptografadas no segundo campo do arquivo /etc/passwd. Como vários programas precisam de acesso às contas do sistema, as senhas foram movidas para o arquivo /etc/shadow, que não tem permissão de leitura para ninguém.

Além disso, se todos tem acesso ao arquivo com as senhas criptografadas, um ataque do tipo força bruta pode ser feito, gerando combinações de palavras, números e símbolos que são criptografados e comparados com as senhas criptografadas, até que uma comparação seja positiva. Por isso, o fato de apenas o root ter acesso ao /etc/shadow dificulta este ataque.

```
$ ls -l passwd shadow
-rw-r--r-- 1 root root 1573 out 15 02:12 passwd
---------- 1 root root  760 out 15 02:12 shadow
```

As senhas no Linux são criptografadas de uma forma que não é possível recuperação usando a engenharia reversa.

O arquivo /etc/shadow possui a seguinte formatação:

```
root:$1odIUdsnsOIUsd83sHi8JhuE:12422:0:99999:7:::
```

O primeiro campo do arquivo contém o login do usuário em conformidade com o login no /etc/passwd.

O segundo campo contém a senha criptografada normalmente com o algoritmo **DES.** A senha criptografada com DES terá de 13 a 24 caracteres entre os 64 caracteres alfabéticos - de **a** até **z**, além de **0** a **9**, ponto **.** e barra **/**. A senha criptografada com DES não contém o caracter "**$**".

O Linux permite que outros algoritmos sejam utilizados para criptografar a senha. Caso outro algoritmo diferente do **DES** seja utilizado, a senha seguirá o formato **idsalt$hashed**.

O $id especifica o algoritmo que foi usado para criptografar a senha, a saber::

- 1 MD5
- $2a$ Blowfish
- $2y$ Blowfish
- 5 SHA-256
- 6 SHA-512

O **$salt** é uma string ramdômica de até 16 caracteres para usada para gerar o hash da criptografia, de forma a criptografia de uma mesma palavra com $salt diferentes resultará em um hash diferente, que dificulta a força bruta.

O **$hashed** é a própria senha que foi criptografada usando o algoritmo específico e com um $salt específico.

Veja a diferença de uma senha criptografada com DES e outra com

```
carla:KRG3JbnP/pqrhHQ0+YgPQaAsXaaeSvLAGGLITWesZHQ=:17388:0:99999:
7:::
uira:$5$MqPxvBfi$ZrPHut.ZofHOV.6eSz3W8G.Iw7FOguMNb9240KnKK8.5KpCQ
Kqn/WSgm/:17998:0:99999:7:::
```

O terceiro campo contém o número de dias decorridos entre 1 de janeiro de 1970 desde a última alteração da senha.

O quarto campo contém o número **mínimo** de dias necessário entre as trocas de senha.

O quinto campo contém o número **máximo** de dias de validade de uma senha, forçando o usuário trocar a senha após este número.

O sexto campo contém o número de dias **de aviso** antes da expiração da senha.

O sétimo campo contém o número de dias que **após a expiração** desabilita a conta.

O oitavo campo contém o número de dias decorridos entre 1 de janeiro de 1970 e a data em que a conta foi desabilitada.

Existem ainda outros 6 campos que configuram as informações de validade da conta e travamento da conta.

Ainda, o campo de senha pode começar com um ponto de exclamação (**!**), que significa que a senha está bloqueada. O travamento da conta pode ser feito manualmente pelo administrador, adicionando a exclamação no início do campo da senha ou com o comando **passwd**.

/etc/group

Para facilitar a administração das permissões de acesso aos recursos e arquivos do sistema, o Linux faz uso do conceito de grupos de trabalho. Cada usuário faz parte de pelo menos um grupo de trabalho, definido no /etc/passwd através do campo **Group ID**.

Os Grupos de Trabalho e seus respectivos Group IDs são definidos no arquivo **/etc/group:**

```
nomedogrupo:senha:GID:listademembros
```

Cada coluna separada por dois pontos do arquivo tem o significado a seguir:

Nome do grupo: O nome do grupo precisa ser único no sistema.

Senha do Grupo: Assim como as contas de usuário, os grupos podem também fazer uso de senha para que um usuário possa ingressar nele. As senhas de grupo foram criptografadas e movidas para o arquivo /etc/gshadow. Este campo atualmente contém um "x";

ID do grupo (Group ID ou GID): Cada grupo precisa de um ID numérico inteiro positivo único. Este ID é referenciado no arquivo /etc/passwd;

Lista de Membros: Os grupos de usuários podem conter um ou mais membros e um usuário pode ser membro de mais de um grupo. Este campo contém uma lista de logins de usuários que fazem parte de um grupo.

Algumas distribuições como o Redhat criam um grupo de usuário para cada usuário criado no sistema. Outras distribuições como o SuSE utilizam o grupo users (GID 100) para todos os usuários.

Veja um exemplo do /etc/group:

```
root:x:0:root
daemon:x:10:wwwrun,sendmail,squid
users:x:500:uira,carla
```

Como o arquivo de /etc/group é de livre leitura, existe a necessidade de separar as senhas de grupo num arquivo com leitura somente para o superusuário como o /etc/gshadow.

Veja abaixo um exemplo do arquivo /etc/gshadow:

```
root:::root
wwwrun:x::
daemon:x::
diretoria:0f2sdHE83hi237::
```

Algumas aplicações mantém uma cópia de backup dos arquivos passwd, shadow, gshadow e group. Este backup é mantido no diretório /etc/ com um traço depois do nome do respectivo arquivo:

```
$ ls -l /etc/*-
-rw-r--r--. 1 root root 1111 Oct 15 11:23 /etc/group-
----------. 1 root root  894 Oct 15 11:23 /etc/gshadow-
-rw-r--r--. 1 root root 2604 Oct 15 11:23 /etc/passwd-
----------. 1 root root 1612 Oct 16 22:02 /etc/shadow-
```

skel

O diretório /etc/skel funciona como um diretório "home" modelo. Quando uma conta de usuário é criada com o comando useradd, o conteúdo do diretório /etc/skel é copiado para o diretório HOME do usuário recém criado. Funciona como uma cópia do "profile" no Windows.

Geralmente neste diretório são colocados os scripts de login do bash que podem ser customizados, assim como subdiretórios e outros arquivos que se deseja que façam parte do diretório HOME dos usuários quando eles forem criados no sistema.

```
$ ls -lga /etc/skel/
-rw-r--r--  1 root   18 jul 27  2018 .bash_logout
-rw-r--r--  1 root  193 jul 27  2018 .bash_profile
```

```
-rw-r--r--  1 root  231 jul 27  2018 .bashrc
```

Como os arquivos de contas de usuário e grupos de usuário são arquivos texto, o gerenciamento de usuários pode ser feito manualmente, editando estes arquivos com um editor de textos qualquer. Mesmo assim, o Linux não carece de ferramentas para administração das contas de usuários.

useradd

 # useradd [opções] login

O comando useradd cria contas de usuário no sistema. Seu único parâmetro obrigatório é o login do usuário.

Se nenhuma opção for fornecida, o comando useradd utilizará as variáveis configuradas no arquivo **/etc/default/useradd**. O conteúdo deste arquivo pode variar de acordo com cada distribuição:

```
$ cat /etc/default/useradd
GROUP=100
HOME=/home
INACTIVE=-1
EXPIRE=
SHELL=/bin/bash
SKEL=/etc/skel
CREATE_MAIL_SPOOL=yes
```

Se alguma opção for utilizada ao se criar uma conta de usuário com o useradd, ela será utilizada ao invés da variável correspondente no /etc/default/useradd. As informações deste arquivo somente serão totalmente ignoradas se todas as opções correspondentes forem utilizadas ao criar o usuário.

As opções mais frequentes são:

- **-c "nome do usuário":** Esta opção grava no arquivo passwd o nome do proprietário da conta ou qualquer outra observação e comentário importantes. É um campo alfanumérico e deve estar compreendido entre aspas duplas;
- **-d diretório_home**: Esta opção fornece o caminho completo do diretório home do usuário;
- **-m**: Cria o diretório home fornecido na opção "-d" com os arquivos e estrutura definidos na configuração de /etc/skel;
- **-g número_do_grupo**: Esta opção fornece o grupo padrão da conta do usuário;
- **-s shell**: Esta opção deve fornecer o caminho completo do shell utilizado pela conta.

Por exemplo /bin/bash, /bin/tcsh, /bin/false etc.

A senha da conta deverá ser configurada depois de criada a conta o com o comando passwd.

Exemplos:

```
# useradd –d /home/uira –m –c "Uirá Ribeiro" –s /bin/bash –g 100
uira
```

No exemplo o useradd cria o usuário **uira** com o diretório home **/home/uira** com a estrutura definida em **/etc/skel**, com o nome "**Uirá Ribeiro**" nos comentários, com o shell **/bin/bash** e o grupo GID **100**.

Um usuário pode ser criado simplesmente com o comando abaixo, informando apenas o login. Neste caso as opções do /etc/default/useradd foram usadas para configurar a conta de usuário

```
# useradd arthur
```

```
# cat /etc/passwd|grep arthur
arthur:x:1005:100::/home/arthur:/bin/bash
```

Uma vez criada a conta de usuário, os dados podem ser alterados manualmente, editando o arquivo /etc/passwd, ou utilizando o comando usermod.

usermod

 # usermod [opções] login

O comando usermod modifica as configurações de uma determinada conta de usuário.

Ele aceita as seguintes opções:

- **-d diretório_home**: Esta opção fornece o caminho completo do diretório home do usuário;
- **-c "nome do usuário"**: Esta opção grava no arquivo passwd o nome do proprietário da conta ou qualquer outra observação e comentário importantes;
- **-g número_do_grupo**: Esta opção fornece o grupo padrão da conta do usuário;
- **-s shell**: Esta opção deve fornecer o caminho completo do shell utilizado pela conta. Por exemplo /bin/bash, /bin/tcsh, /bin/false, etc;
- **-L**: Trava a conta de usuário adicionando o sinal "!" na senha;
- **-U**: Destrava a conta do usuário, removendo o sinal "!" da senha.

- **-e 2019-12-31**: Indica que a conta deverá ser desativada no dia 31 de dezembro de 2019. O formato deve ser AAAA-MM-DD.

Exemplos:

Altera o comentário, com nome do usuário Arthur:

```
# usermod –c "Arthur Ribeiro" arthur
```

Trava a conta do usuário analima no sistema não permitindo mais o logon:

```
# usermod –L analima
```

Expira a conta do usuário arthur em 31 de outubro de 2019:

```
# usermod -e 2019-10-31 arthur
```

Você pode confirmar a data de validade de uma conta com o comando chage com a opção "-l":

```
# chage -l arthur
Last password change                                    : Oct 17,
2019
Password expires                                        : never
Password inactive                                       : never
Account expires                                         : Oct 31,
2019
Minimum number of days between password change         : 0
Maximum number of days between password change         : 99999
Number of days of warning before password expires       : 7
```

userdel

userdel [opção] login

O comando userdel remove a conta de um determinado usuário do sistema. Ele remove a conta dos arquivos /etc/passwd, /etc/shadow e /etc/group.

A opção disponível é:

- -r: Remove o diretório home do usuário junto com a sua conta.

- -f: Força a remoção do usuário mesmo que ele esteja logado

Exemplo:

```
# userdel -r arthur
```

passwd

 # passwd [opção] login

O comando passwd entra com a senha para uma determinada conta de usuário. Se a conta de usuário não for fornecida como parâmetro o passwd muda a senha da conta utilizada no momento. Por questões de segurança não é possível passar a senha na linha de comando.

A opção disponível é:

- **-l**: Esta opção tranca a conta do usuário adicionando o sinal "!" no Debian, ou o sinal "!!" no Redhat, no campo senha do arquivo /etc/shadow, de forma que a string de senha não seja mais aceita. É importante dizer que, se o usuário utilizar outro método de autenticação que não precise de senha, como por exemplo uma chave SSH, ele ainda irá logar no sistema. Para trancar definitivamente um usuário é indicado usar o comando "usermod -e" para indicar que sua conta venceu.
- **-u**: Esta opção faz o reverso da opção "-l", retirando a exclamação "!" e desbloqueando a senha.
- **-d**: Esta opção apaga a senha da conta, deixando a conta sem senha.
- **-e**: Esta opção força a expiração da senha, forçando o usuário a trocar de senha no próximo login.
- **-n z**: Esta opção configura o mínimo de **Z** dias de vida para uma senha.
- **-x z**: Esta opção configura o máximo de **Z** dias de vida para uma senha.
- **-w z**: Esta opção configura o numero de **Z** dias de vida para uma senha.
- **-i z**: Esta opção configura o número **Z** dias entre a senha estar expirada e a conta ficar inativa.
- **-S**: Esta opção mostra informações do status da conta.

Somente o root pode alterar a senha de outros usuários. Um usuário comum pode executar o passwd para alterar a sua própria senha.

Para mudar a senha do usuário uira:

```
# passwd uira
Enter new password for 'uira':
```

Para ver o status da senha de um usuário:

```
# passwd -S uira
uira PS 2019-04-11 0 99999 7 -1 (Password set, SHA512 crypt.)
```

Para bloquear uma conta de usuário:

```
# passwd -l uira
Locking password for user uira.
passwd: Success
```

Veja que o status da conta bloqueada passa a ser "LK":

```
# passwd -S uira
uira LK 2019-04-11 0 99999 7 -1 (Password locked.)
```

Desta forma, a senha no arquivo /etc/shadow ganhou dois asteriscos "!!":

```
# cat /etc/shadow|grep uira
uira:!!$6$MqPxvBfi$ZiKAPicCjTbCvLrPHut.ZeSmqVVlHsZJmHtJWofHOV.6eS
z3W8G.Iw7FOguMNb9240KnKK8.5KpCQKqn/WSgm/:17998:0:99999:7:::
```

Para desbloquear uma senha:

```
# passwd -u uira
Unlocking password for user uira.
passwd: Success
```

Agora o status voltou a ser "PS":

```
# passwd -S uira
uira PS 2019-04-11 0 99999 7 -1 (Password set, SHA512 crypt.)
```

Para configurar uma senha para expirar em 30 dias:

```
# passwd -x 30 uira
Adjusting aging data for user uira.
```

```
passwd: Success
```

Veja que a expiração da senha passou para 30 dias:

```
# passwd -S uira
uira PS 2019-04-11 0 30 7 -1 (Password set, SHA512 crypt.)
```

chage

 # chage [opções] login

O comando chage lida com a expiração das contas de usuário.

As expirações são gravadas no arquivo /etc/shadow.

Suas opções são:

-E data: Informa a data de expiração no formato ano, mês e dia

(AAAA-MM-DD). Se for informado "-1" (menos 1), irá remover a data de validade da conta.

- **-l**: Lista as configurações da conta do usuário. Esta opção pode ser utilizada por qualquer usuário.
- **-d N** ou **AAAA-MM-DD**: Configura o número **N** de dias da última modificação de senha desde 01/01/1970. Também aceita uma data no formato AAAA-MM-DD.
- **-E N** ou **AAAA-MM-DD**: Configura número **N** de dias em que a conta será desabilitada desde 01/01/1970. Também aceita uma data no formato AAAA-MM-DD.
- **-I N**: Configura o número **N** de dias de inatividade após a expiração da senha em que a conta será desabilitada.
- **-m N**: Configura o número **N** mínimo de dias de validade de uma senha. Um valor zero permite que o usuário troque de senha a qualquer hora.
- **-M N**: Configura o número **N** máximo de dias de validade de uma senha, forçando o usuário a troca-la.
- **-W N**: Configura o número **N** de dias em que um aviso será dado ao usuário antes da troca da senha.

As definições de parâmetros padrão das contas de usuário estão no arquivo /etc/login.defs

Exemplo:

```
# chage –E 2016-05-23 cristiane
```

O comando chage também pode operar de forma interativa, apenas informando a conta do usuário sem nenhuma opção:

```
# chage arthur
Changing the aging information for arthur
Enter the new value, or press ENTER for the default
     Minimum Password Age [0]: 10
        Maximum Password Age [99999]: 60
        Last Password Change (YYYY-MM-DD) [2019-10-17]:
        Password Expiration Warning [7]: 7
        Password Inactive [-1]: 10
        Account Expiration Date (YYYY-MM-DD) [2019-10-31]:
2019-10-31
```

As informações de expiração da conta podem ser visualizadas com a opção "-l" do comando.

groupadd

groupadd nome_do_grupo

O comando groupadd cria um novo grupo de usuários.

Este comando grava informações nos arquivos /etc/group e /etc/gshadow.

As opções mais comuns são:

- -f: Força a saída do comando como sucesso mesmo que o nome do grupo ou groupid já existam;
- -g **N**: Atribui o número **N** ao Group ID;
- -p SENHA: atribui uma senha à um grupo, de forma que um usuário deve saber a senha para ingressar em um grupo

Exemplos:

Para criar um grupo chamado contabilidade:

```
# groupadd contabilidade
```

```
# cat /etc/group|grep contabilidade
contabilidade:x:1006:
```

groupdel

 # groupdel nome_do_grupo

Este comando apaga um grupo do sistema.

O comando groupdel modifica os arquivos de contas do sistema, apagando todas as referências ao grupo. O grupo a ser apagado deve existir.

Deve-se manualmente checar os sistemas de arquivos para garantir que nenhum dos arquivos permanece com o grupo ou com a sua identificação.

```
# groupdel contabilidade
```

groupmod

 # groupmod [opção] nome_do_grupo

O comando groupmod modifica as configurações de um grupo.

Obrigatoriamente pelo menos uma das opções deve ser escolhida:

- **-g X** Altera o Group ID do grupo para **X**. Este valor deve ser numérico positivo. Tipicamente os valores de 0 a 999 são reservados para grupos de sistema.
- **-n nome** Altera o grupo para o **nome** especificado.

Exemplo:

Muda o nome do grupo de Marketing para Vendas:

```
# groupmod -n vendas marketing
```

getent

$ getent base [chave de busca]

O comando getent é utilizado para acessar as bases de dados de contas de usuário, senhas e grupos de usuários.

Apenas as bases de dados configuradas no arquivo /etc/nsswitch.conf podem ser acessadas com este comando.

A sintaxe do comando é:

```
$ getent base_de_dados chave
```

A base de dados pode assumir os seguintes valores:

- **passwd**: refere-se ao arquivo /etc/passwd;
- **shadow**: refere-se ao arquivo /etc/shadow;
- **group**: refere-se ao arquivo /etc/group;

A chave é o item em que você deseja informações da base de dados.

Veja o exemplo, mostra os dados da conta de usuário zabbix:

```
$ getent passwd zabbix
zabbix:x:500:501::/home/zabbix:/bin/bash
```

Somente o root pode ter acesso a base de dados shadow:

```
# getent shadow zabbix
zabbix:$6$..5pDu8/$SBoEjzWpYE3hRNhoPI8pJW5rPpM2eEqc3OyWgAqFAJWJsa
Oy
xqMGs9BylcNiTKk.su.OQCuSEWRUEPoAuZFq0.:16537:0:99999:7::16509:
```

O comando getnet é útil para pegar os dados de uma determinada conta de usuário ou grupo, sem precisar listar o conteúdo dos arquivos passwd, shadow ou group e filtrar os resultados com com o grep.

107.2 – Automatizando a Administração do Sistema com Agendamento de Tarefas

O Linux possui um robusto sistema de agenda que possibilita que tarefas administrativas sejam programadas sem a direta intervenção humana.

Este sistema utiliza duas facilidades para automatizar as tarefas, o cron e o at. O primeiro é apropriado para procedimentos que devem ser executadas com certa periodicidade. Já o at é melhor para agendar tarefas simples para serem executadas no futuro, de forma não recorrente. Recentemente o serviço de timer do Systemd também pode ser usado para executar tarefas de forma agendada ou recorrente.

cron

O cron é um serviço que provê o serviço de agendamento de tarefas para os usuários e o sistema.

Ele permite que um comando, programa ou script seja agendado para um determinado dia, mês, ano e hora. É muito usado em tarefas que precisam ser executadas a cada hora, dia ou qualquer outro período de tempo, de forma recorrente.

Geralmente o cron é utilizado para executar arquivamento de logs e checagem da integridade do sistema e outras manutenções periódicas.

As tarefas do sistema que serão executadas são definidas no arquivo **/etc/crontab.**

Cada usuário também pode ter suas tarefas**,** configuradas em arquivos individuais no diretório **/var/spool/cron/** com o login da conta do usuário.

O cron possui um utilitário chamado **crontab** que facilita a visualização e edição dos arquivos do cron.

Para agendar uma nova tarefa, podemos utilizar o comando crontab ou editarmos o arquivo /etc/crontab com qualquer editor de texto e definir quando a tarefa será executada.

O formato que o arquivo de cron usa é:

```
MINUTOS HORAS DIA MES SEMANA USUARIO COMANDO
```

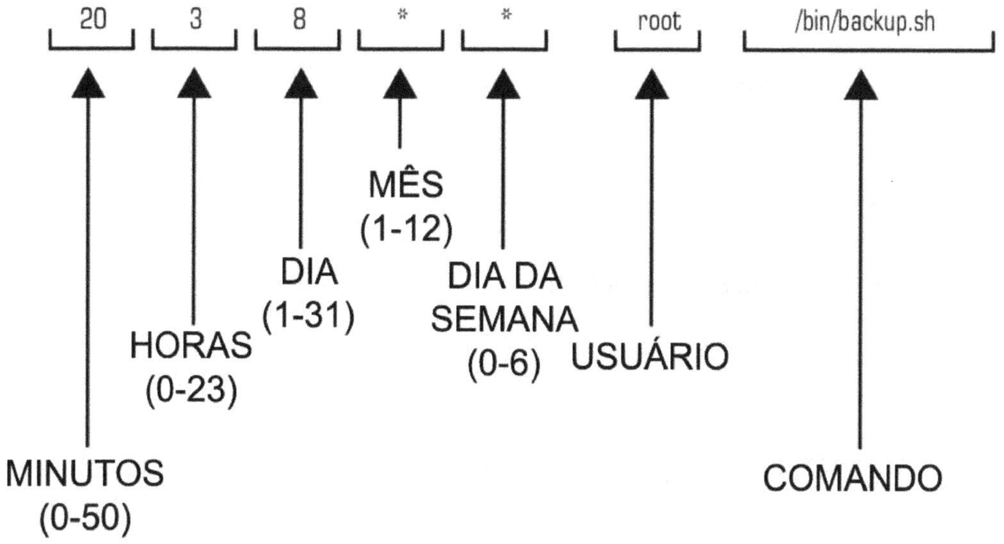

Figura 18 – Formato do Crontab

Não é necessário reiniciar o serviço do cron porque ele verifica seus arquivos a cada minuto.

O formato de um arquivo crontab é importante para o exame.

Os valores para cada campo podem ser:

Minuto: Valor entre 0 e 59;

Hora: Valor entre 0 e 23;

Dia do Mês: Valor entre 1 e 31;

Mês: Valor entre 1 e 12 (identificando os meses de janeiro a dezembro);

Dia da Semana: Valor entre 0 e 7, sendo que zero ou sete são usados para identificar o domingo.

Login do Usuário: O usuário que será usado para executar o comando;

Comando: Programa que será executado, mais seus parâmetros normais.

Cada campo deve ser separado por um ou mais espaços ou tabulações.

O símbolo asterisco "*" pode ser usado para indicar que qualquer data ou hora são válidas. Também é possível especificar intervalos de tempo usando a barra "/". Exemplo "*/5" no campu minutos indica que o comando deve rodar a cada 5 minutos.

É possível especificar intervalos para que o comando seja executado através do hífen "**-**", indicando os períodos de execução incluindo o número inicial e final.

Uma lista de horas e datas pode ser feita utilizando a vírgula "**,**" para separar os valores.

Veja alguns exemplos de cron:

Executa o comando sync todo o dia as 10:00:

```
0  10  *  *  *  root  sync
```

Executa o comando updatedb toda segunda-feira às 06:00:

```
0  6  *  *  1  root  updatedb
```

Executa o comando runq todos os dias a cada vinte minutos:

```
0,20,40  *  *  *  *  root  runq
```

Envia um e-mail as 0:15 todos os natais para a carla:

```
15  0  25  12  *  root  mail carla < natal.txt
```

Executa o comando poff às 5:30 de segunda à sábado:

```
30    5    *    *    1-6    root    poff
```

Executa um script PHP a cada 5 minutos:

```
*/5    *    *    *    *    root    /usr/bin/php -c /etc/php.ini
/home/script.php
```

crontab

O comando crontab comando facilita a edição dos arquivos de configuração do cron. Ele é útil para edição dos arquivos dos usuários localizados em **/var/spool/cron/**

O crontab salva o arquivo individual do cron com o nome do login do usuário.

Este arquivo tem o mesmo formato do /etc/crontab exceto por não possuir o campo usuário (UID), uma vez que nome do arquivo já tem esta identificação.

```
# ls –l /var/spool/cron/tabs
-rw———      1      root      root      264      Jun 20
14:36      root
-rw———      1      root      users      199      Jun 20
15:58      uira
```

As opções mais frequentes do crontabsão:

- **-e**: Edita o arquivo de cron utilizando o editor vi.
- **-l**: Lista o conteúdo do arquivo de cron do usuário corrente
- **-r**: Remove o arquivo de cron.
- **-u usuário**: Realiza uma das operações como se fosse um determinado usuário. Deve ser usada em conjunto com as outras opções e somente o root pode alterar o cron de outros usuários.

Veja os exemplos:

Neste exemplo o comando "/usr/bin/mrtg /etc/mrtg.cfg" é executado a cada 5 minutos e o "/bin/sendip.sh" todos os dias à 01:00am:

```
$ crontab –l
*/5    *    *    *    *    /usr/bin/mrtg /etc/mrtg.cfg
0      1    *    *    *    /bin/sendip.sh
```

Para agendar alguma tarefa no cron, utilize o "crontab -e" para editar o arquivo com o vi:

```
$ crontab -e
```

Inclua uma linha em branco no final do arquivo, caso contrário o último comando não será executado.

Permissões do Cron

O cron possui dois arquivos que habilitam ou desabilitam o seu uso pelos usuários. Dependendo da distribuição, eles podem ter nomes e lugares diferentes. São eles:

/etc/cron.allow

Se o arquivo **cron.allow** existir, um determinado usuário precisa ter seu login listado no seu conteúdo para ter permissões expressas para o uso do cron.

/etc/cron.deny

Se o arquivo **cron.deny** existir, os logins listados em seu conteúdo são proibidos de utilizar o cron. Os demais usuários poderão usar o cron.

Se nenhum dos dois arquivos existirem, o uso do cron será permitido para todos os usuários. Se o arquivo cron.deny estiver vazio, todos os usuários terão permissão de usar o cron.

Diretórios Especiais do Cron

/etc/cron.d

O cron também conta com um diretório especial em /etc/cron.d. Este diretório pode conter os arquivos:

- **daily**: especifica quais comandos são executados diariamente;
- **hourly**: especifica quais comandos são executados de hora em hora;
- **weekly**: especifica quais comandos são executados toda semana;
- **monthly**: especifica quais comandos são executados todos os meses.

Os arquivos contidos neste diretório deve seguir o formado do /etc/crontab:

```
# cat /etc/cron.d/sysstat
*/10 * * * * root /usr/lib64/sa/sa1 1 1
53 23 * * * root /usr/lib64/sa/sa2 -A
```

Todos os scripts ou comandos executados são sob a permissão do usuário root.

Os arquivos em /etc/cron.d costumam ter seu nome precedido de um número inteiro maior que zero para ordenar a sua execução

/etc/cron.{daily, hourly, weekly, monthly}

Outras possibilidades que o cron examina são os diretórios **/etc/cron.daily**, **/etc/cron.hourly**, **/etc/cron.weekly** e **/etc/cron.monthly**.

Estes diretórios podem conter scripts que serão executados nos intervalos de tempo que cada nome de arquivo especifica.

```
# ls -l /etc/cron.daily/
-rwx------. 1 root root 219 Apr 10  2018 logrotate
-rwxr-xr-x. 1 root root 618 Mar 17  2014 man-db.cron
-rwx------. 1 root root 208 Apr 10  2018 mlocate
```

Nestes diretórios os arquivos devem conter scripts com comandos que serão executados, e não um agendamento do que será executado como no crontab.

Veja o exemplo do script logrotate:

```
$ cat /etc/cron.daily/logrotate
#!/bin/sh
/usr/sbin/logrotate /etc/logrotate.conf
exit 0
```

Outro detalhe importante: os scripts em **/etc/cron.{daily, hourly, weekly, monthly}** precisam estar com a permissão executável "X" habilitada.

at

$ at

O comando at agenda tarefas de forma semelhante ao cron.

Sua principal aplicação é para disparar tarefas que devam ser executadas somente uma vez.

O seu formato para agendar as tarefas são mais amigável e mais próximo da notação humana.

Uma característica deste programa é que ele executa as tarefas mesmo que tenham passado do seu horário de execução. É útil em computadores que são desligados com frequência ou quando ocorre uma interrupção no fornecimento de energia.

As notações de data e hora possíveis podem ser informadas nos formatos:

- HH:MM: HH para hora e MM para minuto;
- midnight: para meia-noite;

- noon: para meio-dia;
- teatime: para 16:00;
- MMDDYY: MM para mês, DD para dia e YY para ano;
- MM/DD/YY;
- DD.MM.YY;
- + num unidade: Onde num é o número de unidades de tempo. As unidades podem ser minutes (minutos), days (dias), hours (horas) e weeks (semanas).

As opções mais frequentes são:

- **-l**: Lista todas as tarefas agendadas pelo at;
- **-d N**: Apaga uma determinada tarefa identificada pelo número **N**;
- **-f arquivo**: Indica o arquivo que contém os comandos a serem executados.

Veja os exemplos:

Executa os comandos especificados no arquivo comandos.txt no horário do café da tarde às 16:00 horas.

```
# at -f comandos.txt teatime
```

Executa os comandos especificados no arquivo comandos.txt em 3 minutos.

```
# at -f comandos.txt +3 minutes
```

Executa os comandos especificados no arquivo comandos.txt daqui a 3 horas no dia de amanhã.

```
# at -f comandos.txt tomorrow +3 hours
```

Outra forma de utilizar o at, é digitar diretamente os comandos que serão executados no seu prompt de comandos:

```
# at now + 2 minutes
at> w
at> Ctrl D
job 1 at Fri Oct 18 14:25:00 2019
```

Neste exemplo, o at irá abrir um prompt de comandos "at>" para digitar os comandos um por linha. O comando "w" que mostra os usuários conectados será executado dentro de 2 minutos pelo at.

Para sair do prompt do at, deve-se digitar Control-D.

O job recém criado pode ser visto com o comando "atq":

```
# atq
1       Fri Oct 18 14:25:00 2019 a root
```

O resultado dos comandos executados pelo at são enviados por e-mail para o usuário que agendou a tarefa:

```
From root@certificacaolinux.com.br  Fri Oct 18 14:33:00 2019
Subject: Output from your job       2
To: uira@certificacaolinux.com.br
Date: Fri, 18 Oct 2019 14:33:00 +0000 (UTC)

 14:33:00 up 3 days, 11:49,  1 user,  load average: 0.04, 0.13, 0.11
USER     TTY      FROM             LOGIN@   IDLE   JCPU   PCPU WHAT
uira     pts/0    ip-10-8-0-6      14:14    9.00s  0.08s  0.01s sshd: uira[priv]
```

atq

O comando atq lista os jobs pendentes do usuário, e no caso do root, lista todos os jobs. O comando fornece na saída o número do job, data, hora, fila e usuário.

Exemplo:

```
$ atq
4       2015-05-11          19:00          uribeiro
```

atrm

O comando atrm remove um job da fila de tarefas, identificado pelo número do job.

Exemplo:

```
$ atrm 4
```

Todas as tarefas agendadas são armazenadas em arquivos dentro do diretório **/var/spool/at/**.

Permissões do at

O comando at também possui dois arquivos responsáveis pela segurança de acesso ao agendador:

- /etc/at.allow
- /etc/at.deny

Se o arquivo **at.allow** existir, um determinado usuário precisa ter seu login listado no seu conteúdo para ter permissões expressas para o uso do at.

Se **at.deny** existir, os logins listados em seu conteúdo são proibidos de utilizar o at, e todos os outros usuários estão liberados.

Se nenhum dos dois arquivos existirem, o uso do at será permitido somente para superusuário.

Se o arquivo **at.deny** estiver vazio, o uso do at será permitido por todos os usuários.

Systemd Timer

O gerenciador de serviços Systemd também mantém um serviço de agendamento de tarefas que pode ser utilizado em substituição ao cron.

Ao longo do tempo, as distribuições vêm a preferir o systemd para as tarefas de manutenção de sistema.

O systemd utiliza arquivos de unidades (units) de tempo chamados de "Timers" que controlam os serviços ou eventos que serão executados pelo systemd. Esses arquivos têm a extensão **.timer** e residem geralmente no diretório **/lib/systemd/system**.

Embora a utilização do agendamento do systemd possa ser um pouco mais complexa que no cron, há algumas vantagens:

- Cada tarefa tem a sua própria unit de tempo, ou mais de uma se necessário;
- As units de tempo podem chamar qualquer unit, seja de serviço, montagem, socket, etc;
- As units de tempo podem ser executadas manualmente;
- As units de tempo podem depender de outros serviços ou de outras unidades para serem executadas, formando uma lógica para execução de programas ou serviços;
- As units podem ser agrupadas;
- Os trabalhos executados são registrados no journal do systemd, que facilita a depuração;

As unidades de tempo podem ser de dois tipos:

- **Timers de tempo real:** são ativados por um evento de calendário, da mesma forma que o cron. A opção **OnCalendar** na unit de tempo é usada para definir este tipo de unidade de tempo.

- **Timers monotônicos:** são ativados após um certo de tempo (em segundos) em relação a um evento específico. Este evento pode ser depois de ativado o serviço do timer (**OnActiveSec**), depois do boot do computador (**OnBootSec**), depois que o serviço de systemd foi ativado (**OnStartupSec**) e depois que uma unidade de tempo ficou ativa pela última vez (**OnUnitActiveSec**).

Para criar uma tarefa de timer do systemd, é necessário criar dois arquivos de unidades: uma de tempo e outra com o serviço ou comando que será executado.

Primeiro pode-se criar a unit de tempo:

```
[Unit]
Description=Backup do MySQL
[Timer]
OnCalendar=*-*-* 03:00:00
Unit=backup.service
[Install]
WantedBy=multi-user.target
```

Esta unit deve ficar no diretório **/usr/lib/systemd/system/** com o nome **backup.timer**. Observe que ela vai executar todos os dias as 03 horas da amanhã, e chamar a unit **backup.service**.

Agora é necessário criar a unit de serviço que vai ser executada pela unit backup.timer:

```
[Unit]
Description=Backup do MySQL
[Service]
Type=simple
ExecStart=/var/backup.sh
[Install]
WantedBy=multi-user.target
```

Este arquivo também deve ficar no diretório **/usr/lib/systemd/system/** com o nome **backup.service**. Observe que esta unit executará o script /var/backup.sh. Este script por sua vez deverá ter permissão de execução "X".

Feito isto, deve-se habilitar a unit do temporizador para executar no boot com a opção "enable" do comando systemctl:

```
# systemctl enable backup.timer
```

E também coloca-la em execução com a opção "start" do comando systemctl:

```
# systemctl start backup.timer
```

Toda a vez que for necessário alterar a configuração de uma unit, é preciso reiniciar o serviço do systemd:

```
# systemctl daemon-reload
```

Para visualizar as units de tempo que estão configuradas, pode-se usar a opção "list-timers" do comando systemctl:

```
# systemctl list-timers
NEXT         LEFT   LAST         UNIT         ACTIVATES
2019-10-19   10h    2019-10-18   backup.timer backup.service
```

Para listar todas as units de tempo, mesmo aquelas que não estão ativas, pode-se usar a opção "list-timers --all":

```
# systemctl list-timers --all
NEXT         LEFT   LAST         UNIT         ACTIVATES
2019-10-18   8min   2019-10-18   dnf.timer    dnf-makecache.service
2019-10-19   13h    2019-10-18   tmp.timer    tmpfiles-
clean.service
n/a          n/a     n/a         read.timer   readahead-
done.service
3 timers listed.
```

Para parar a unit de tempo, pode-se usar a opção "stop" do comando systemctl:

```
# systemctl stop backup.timer
```

E pode-se executar a unit do backup.service a qualquer hora com o comando:

```
# systemctl start backup.service
```

Unidades de Tempo Passageiras (Transientes)

O systemd também pode ser utilizado para criar units de tempo transientes (passageiras), que irão executar uma única vez numa determinada data, sem a necessidade de se criar uma unidade de serviço.

Para fazer isso, utilizamos o comando **systemd-run**.

systemd-run

As opções que o systemd-run aceita são:

- **--on-active=**: numero de segundos depois que o sistema de timer ficou ativo.
- **--on-boot=**: número de segundos depois que o computador iniciou.
- **--on-startup=**: número de segundos depois que o systemd iniciou.
- **--on-unit-active=**: número de segundos depois que uma unit ficou ativa
- **--on-unit-inactive=**: número de segundos depois que uma unit ficou inativa
- **--on-calendar=**: data no calendário para execução da tarefa.

Exemplos:

Neste exemplo, o timer irá criar um arquivo chamado /tmp/arquivo depois de 30 segundos depois que foi ativado:

```
# systemd-run --on-active=30 /bin/touch /tmp/arquivo
Running timer as unit run-1642.timer.
Will run service as unit run-1642.service.
```

A execução do timer pode ser visualizada no Jornal do Systemd com o comando journalctl:

```
# journalctl -b -u run-1642.service
-- Logs begin at Tue 2019-04-09 15:46:28 -03, end at Fri
2019-10-18 16:05:55 -03. --
Oct 18 16:05:05 localhost.localdomain systemd[1]: Started
/bin/touch /tmp/arquivo.
```

Para executar o comando updatedb numa determinada data, pode-se usar a opção "--on-calendar=" segundo de uma data entre aspas:

```
# systemd-run --on-calendar="sun 13:50" updatedb
Running timer as unit run-2948.timer.
Will run service as unit run-2948.service.
```

Depois de criado a unidade de tempo e de serviço com o systemd-run, pode-se usar o comando "systemctl list-timers" para ver a unit timer criada:

```
# systemctl list-timers
NEXT                    UNIT                ACTIVATES
```

```
2019-10-20 13:50  run-2948.timer  run-2948.service
```

O conteúdo da unit criada pelo systemd-run pode ser visto com o comando "systemctl cat run-2948":

```
# systemctl cat run-2948
[Unit]
Description=/bin/updatedb
[Service]
ExecStart=@/bin/updatedb "/bin/updatedb"
```

107.3 – Localização e Internacionalização

Configurando as Zonas de Fuso Horário

As informações de fuso horário são geralmente requeridas durante a instalação do Linux quando o ambiente é o Desktop. Raramente o usuário troca essas informações depois.

Mas o conhecimento de como fazer isso é necessário, uma vez que no ambiente de cloud-computing é muito comum ser necessário a alteração de zonas de fuso horários de servidores virtuais.

/usr/share/zoneinfo

O diretório **/usr/share/zoneinfo** contém as informações de configuração das zonas de fuso horário. A zona local do sistema é determinada por um link simbólico de algum arquivo deste diretório para o arquivo **/etc/localtime**.

É comum no diretório /usr/share/zoneinfo encontrarmos subdiretórios com macro regiões do mundo ou países com vários fusos horários.

```
$ ls -l /usr/share/zoneinfo/
drwxr-xr-x. 2 root root  4096 Aug 20  2018 Africa
drwxr-xr-x. 6 root root  8192 Aug 20  2018 America
drwxr-xr-x. 2 root root   187 Aug 20  2018 Antarctica
drwxr-xr-x. 2 root root    26 Aug 20  2018 Arctic
drwxr-xr-x. 2 root root  4096 Aug 20  2018 Asia
drwxr-xr-x. 2 root root   196 Aug 20  2018 Atlantic
drwxr-xr-x. 2 root root  4096 Aug 20  2018 Australia
drwxr-xr-x. 2 root root    59 Aug 20  2018 Brazil
drwxr-xr-x. 2 root root   136 Aug 20  2018 Canada
```

```
( ... )
```

E dentro de cada diretório há os arquivos de configuração de zona de fuso horário:

```
$ ls -l /usr/share/zoneinfo/Brazil/
-rw-r--r--. 3 root root  634 May  9  2018 Acre
-rw-r--r--. 2 root root  714 May  9  2018 DeNoronha
-rw-r--r--. 2 root root 2002 May  9  2018 East
-rw-r--r--. 2 root root  602 May  9  2018 West
```

/etc/localtime

Em sistemas baseados em Red Hat (Red Hat, CentOS, Fedora, etc), para alterar uma zona de fuso horário, deve-se excluir o link simbólico /etc/localtime existente, e criar um novo link com o arquivo de zona de fuso horário desejado:

```
# rm -f /etc/localtime
# ln -s /usr/share/zoneinfo/America/Sao_Paulo /etc/localtime
```

Ou de maneira mais simples, usar a opção "-sf" do comando ln que apaga o link simbólico anterior ao criar o novo:

```
# ln -sf /usr/shave/zoneinfo/America/Sao_Paulo /etc/localtime
```

Neste exemplo, a zona de fuso horário de São Paulo será utilizada pelo sistema.

Uma vez alterada a zona, o relógio ajusta-se automaticamente ao novo horário.

/etc/timezone

Em distribuições baseadas em Debian (Debian, Linux Mint, Ubuntu, etc), a configuração de zona de fuso horário é controlada por meio do arquivo **/etc/timezone**, que contém a informação de qual é a timezone. Veja o exemplo:

```
$ cat /etc/timezone
America/Los_Angeles
```

O texto a ser colocado no arquivo /etc/timezone deve coincidir com nome da zona contida no diretório /usr/share/zoneinfo/:

```
# echo "America/Sao_Paulo" > /etc/timezone
```

Depois de alterar o conteúdo do arquivo /etc/timezone, é necessário reconfigurar o pacote tzdata:

```
# dpkg-reconfigure -f noninteractive tzdata
```

Variável TZ

A variável TZ também pode ser utilizada para definir a zona de fuso horário do usuário logado e funciona para qualquer Linux.

Se esta variável não estiver configurada, as informações do /etc/localtime ou /etc/timezone serão utilizadas.

Esta variável é útil para configurar informações de Zona de Fuso Horário por usuário. O sistema pode ter um fuso horário, e cada usuário conectado pode ter a sua zona quando logado. Isto pode ser útil num ambiente servidor com usuários espalhados por diversas zonas de fuso.

Veja o exemplo:

```
$ TZ='America/Miami'; export TZ
```

```
$ date
Sat 19 Oct 2019 02:37:07 PM America
```

```
$ TZ='America/Sao_Paulo'; export TZ
```

```
$ date
Sat 19 Oct 2019 11:38:01 AM -03
```

Como toda variável de ambiente, para funcionar para os programas executados no shell, ela deve ser exportada com o comando "export".

Além disso, para que a configuração de timezone através da variável TZ fique permanente, deve ser configurada em algum arquivo de inicialização do usuário, de preferência no arquivo **~/.profile**.

tzselect

O utilitário tzselect pode ser utilizado para escolher a zona de fuso horário e mostral qual é o valor correto para a variável TZ.

Seu funcionamento é simples: primeiro deve-se escolher o continente:

```
# tzselect
Please identify a location so that time zone rules can be set
correctly.
Please select a continent, ocean, "coord", or "TZ".
1) Africa                7) Europe
2) Americas              8) Indian Ocean
3) Antarctica            9) Pacific Ocean
4) Asia                  10) geographical coordinates
5) Atlantic Ocean        11) TZ
6) Australia
```

Depois deve-se escolher o país:

```
Please select a country whose clocks agree with yours.
 1) Anguilla           12) Cayman Islands
 2) Antigua            13) Chile
 3) Argentina          14) Colombia
 4) Aruba              15) Costa Rica
 5) Bahamas            16) Cuba
 6) Barbados           17) Curaçao
 7) Belize             18) Dominica
 8) Bolivia            19) Dominican Republic
 9) Brazil             20) Ecuador
 ( ... )
```

E por fim a Zona de Fuso horário:

```
Please select one of the following timezones.
1) Atlantic islands
2) Pará (east); Amapá
3) Brazil (northeast: MA, PI, CE, RN, PB)
4) Pernambuco
5) Tocantins
6) Alagoas, Sergipe
7) Bahia
8) Brazil (southeast)
( ... )
```

Uma vez selecionada a Zona de Fuso Horário desejada, o tzselect pede para confirmar as configurações:

```
The following information has been given:
Brazil
Brazil (southeast: GO, DF, MG, ES, RJ, SP, PR, SC, RS)
Therefore TZ='America/Sao_Paulo' will be used.
Selected time is now:        Sat Oct 19 11:56:56 -03 2019.
Universal Time is now:        Sat Oct 19 14:56:56 UTC 2019.
Is the above information OK?
1) Yes
2) No
```

E então ele cria a linha de comando para a configuração da variável TZ e ainda indica onde deve ser salva:

```
You can make this change permanent for yourself by appending the
line
      TZ='America/Sao_Paulo'; export TZ
to the file '.profile' in your home directory; then log out and
log in again.
```

timedatectl

O gerenciador de serviços Systemd também tem serviço de configuração da Zona de Fuso Horário.

Quando executado sem nenhum parâmetro, ele mostra as configurações de Time Zone:

```
 # timedatectl
               Local time: Sat 2019-10-19 12:07:48 -03
           Universal time: Sat 2019-10-19 15:07:48 UTC
                 RTC time: Sat 2019-10-19 15:07:48
                Time zone: America/Sao_Paulo (-03, -0300)
System clock synchronized: yes
              NTP service: active
          RTC in local TZ: no
```

Ele também pode ser utilizado para listar as timezones disponíveis:

```
# timedatectl list-timezones | grep America
```

```
America/Adak
America/Anchorage
America/Anguilla
America/Antigua
(...)
```

Para alterar a Zona de Fuso Horário utilizando o timezonectl, basta utilizar a opção "set-timezone" seguido do nome da zona desejada:

```
# timedatectl set-timezone America/Buenos_Aires
```

E depois reiniciar o serviço de timezone do Systemd:

```
# systemctl restart systemd-timedated
```

Feito isso, a data e hora do sistema serão alterados:

```
# timedatectl
               Local time: Sat 2019-10-19 12:13:15 -03
           Universal time: Sat 2019-10-19 15:13:15 UTC
                 RTC time: Sat 2019-10-19 15:13:15
                Time zone: America/Buenos_Aires (-03, -0300)
System clock synchronized: yes
              NTP service: active
          RTC in local TZ: no
```

date

$ date [opções] [MMDDhhmm[[CC]YY][.ss]]

O comando date pode ser utilizado para mostrar a data ou configurar a data do sistema.

As opções mais comuns são:

- -d string Mostra as horas em uma determinado formato
- -u Mostra ou configura as horas no formato UTC (Coordinated Universal Time)
- -s Configura as horas

O Tempo Universal Coordenado, abreviadamente UTC (do inglês Coordinated Universal

Time), também conhecido como tempo civil, é o fuso horário de referência a partir do qual se calculam todas as outras zonas horárias do mundo.

Veja os exemplos:

```
$ date
Sat 19 Oct 2019 01:13:02 PM -03
```

A opção "-u" mostra as horas no formato UTC:

```
$ date -u
Sat 19 Oct 2019 04:13:45 PM UTC
```

O comando date permite exibir uma data em diversos formatos:

> %D: mm/dd/yy.
> %d: Dia do mês (01 a 31).
> %a: Dias da semana abreviado (Sun, Mon ... Sat).
> %A: Dias da semana por extenso (Sunday, Monday...Saturday).
> %h ou %b: Mês abreviado (Jan, Feb... Dec).
> %B: Mês por extenso (January... December).
> %m: Mês em numeral (01 to 12).
> %y: Dois últimos dois digitos do ano (00 a 99).
> %Y: Ano com quatro dígitos (2019).
> %T: Hora no formato 24 horas HH:MM:SS.
> %H: Hora.
> %M: Minuto.
> %S: Segundo.
> %j: Dia do ano (122)
> %u: dia da semana (1... 7) - 7 representa domingo.
> %w: dia da semana (0... 6) - 0 representa domingo.
> %F: Formato ANO-MES-DIA

Exemplos:

```
$ date +'Hoje é %A, %d de %B de %Y, o %j dia do ano, as %H:%M'
Hoje é Saturday, 02 de November de 2019, o 292 dia do ano, as
14:14
```

Este exemplo ficou estranho, porque mostra a data com localização em inglês com uma frase em portugueês.

Para alterar a localização e exibir tudo em português, podemos alterar a variável LC_ALL:

```
$ export LC_ALL=pt_BR.UTF-8
```

Ao executar novamente o comando date, a data ficará em português:

```
$ date +'Hoje é %A, %d de %B de %Y, o %j dia do ano, as %H:%M'
Hoje é sábado, 02 de Novembro de 2019, o 292 dia do ano, as 14:15
```

Alterar o formato da data pode ser útil para ser utilizado numa variável para ser usada em um script:

```
#!/bin/bash
echo "backup dos dados"
export DATA=$(date +'%F-%H%M%S')
tar cvzf /home/uira/backup-$DATA.tar.gz /etc
```

O script acima escreve a data no formato AAAA-MM-DD-HHMMSS na variável DATA. Depois utiliza a variável como parte do nome de um arquivo tar que faz backup do diretório /etc. O resultado da execução será um arquivo backup-2019-10-19-142339.tar.gz.

Observe que o resultado de um comando pode ser utilizado numa variável se ele estiver contido em **$(comando)**.

O comando date também pode ser utilizado para alterar a data do relógio do sistema. Neste exemplo, mudei a data do sistema para o dia do meu aniversário:

```
# date +%Y%m%d -s "2019-05-11"
20190511
```

```
$ date
sáb mai 11 00:00:01 -03 2019
```

A variável TZ altera a data e hora mostrados pelo comando date para a zona de fuso horário.

Localização

O Linux mantém uma lista de variáveis ambientais para definir os padrões de internacionalização de linguagem, formato dos números, formato das horas, formato de data, formato de moeda, dentre outros.

As variáveis são:

- **LC_COLLATE**: define caráter ou informações de agrupamento string;
- **LC_CTYPE**: define o tipo de codificação de caracteres;
- **LC_MONETARY**: define como os números são escritos, se usam ponto ou vírgula para separar as casas;
- **LC_MESSAGES**: define o formato de respostas afirmativas e negativas;
- **LC_NUMERIC**: define uma lista de regras e símbolos para a formatação de informações não-numérico monetária;
- **LC_TIME**: define como as horas são escritas;
- **LC_ALL**: define um padrão que tem as demais definições acima.

locale

O comando locale informa estas variáveis ambientais.

```
$ locale
LANG=pt_BR.UTF-8
LANGUAGE=
LC_CTYPE="pt_BR.UTF-8"
LC_NUMERIC="pt_BR.UTF-8"
LC_TIME="pt_BR.UTF-8"
LC_COLLATE="pt_BR.UTF-8"
LC_MONETARY="pt_BR.UTF-8"
LC_MESSAGES="pt_BR.UTF-8"
LC_PAPER="pt_BR.UTF-8"
LC_NAME="pt_BR.UTF-8"
LC_ADDRESS="pt_BR.UTF-8"
LC_TELEPHONE="pt_BR.UTF-8"
LC_MEASUREMENT="pt_BR.UTF-8"
LC_IDENTIFICATION="pt_BR.UTF-8"
LC_ALL=pt_BR.UTF-8
```

A variável LC_ALL pode ser utilizada para configurar todas as demais.

A opção "-a" fornece a lista de localizações possíveis:

```
$ locale -a
en_US.utf8
pt_BR.utf8
```

Nem sempre a localização pretendida pode estar disponível no sistema. Se ela não aparecer com a opção "-a" do comando locale, é necessário gerar a localização.

Para ver a lista de todas as localizações que podem ser geradas, verifica-se o conteúdo do arquivo **/etc/locale.gen**:

```
$ cat /etc/locale.gen
# aa_DJ ISO-8859-1
# aa_DJ.UTF-8 UTF-8
# aa_ER UTF-8
( ... )
```

Para gerar a localização pretendida e conseguir usar na variável LC_ALL, usa-se o comando locale-gen para gerar a localização:

```
$ locale-gen pt_BR.UTF-8
Generating locales (this might take a while)...
  pt_BR.UTF-8... done
Generation complete.
```

Para alterar a configuração de localização, basta alterar a variável LC_ALL:

```
$ export LC_ALL=pt_BR.UTF-8
```

Como a localização é configurada por variáveis de ambiente, elas precisam estar no script de carga do shell ou no profile para que fiquem permanentes no sistema.

Padrões de Caractere

Como todo sistema operacional, o Linux precisa trabalhar com vários mapas de caracteres, de forma a cobrir várias línguas e formatos de caracteres.

Para fazer isso, convencionou-se o uso de "Mapas de Caracteres", que mapeiam um caracter de um determinado alfabeto em uma sequência de bits, que vão compor esses caracteres.

Esses mapas de caracteres são uma convenção utilizada em todo o mundo por diversos sistemas computacionais, e por isso, foram rotulados com nomes e números, para que a conversão dos bits dos arquivos seja possível, na linguagem e caracteres corretos. Isto também possibilita a conversão dos caracteres de um mapa para outro, às vezes com certa perda de dados.

Segue uma breve descrição dos mapas de caracteres cobrados no exame.

ASCII

ASCII é um acrônimo para American Standard Code for Information Interchange, que em português significa "Código Padrão Americano para o Intercâmbio de Informação". Este padrão é uma codificação de caracteres de sete bits baseada no alfabeto inglês.

Os códigos ASCII representam texto em computadores, equipamentos de comunicação, entre outros dispositivos que trabalham com texto. O ASCII foi desenvolvido para uso de telégrafos em 1960 que usavam impressoras de 7-bits. Grande parte das codificações de caracteres modernas a herdou como base.

A codificação define 128 caracteres, preenchendo completamente os sete bits disponíveis. Desses, 33 não são imprimíveis, como caracteres de controle atualmente obsoletos, que afetam o processamento do texto. Exceto pelo caractere de espaço, o restante é composto por caracteres imprimíveis.

Char	Dec	Oct	Hex	Char	Dec	Oct	Hex	Char	Dec	Oct	Hex
(sp)	32	0040	0x20	@	64	0100	0x40	`	96	0140	0x60
!	33	0041	0x21	A	65	0101	0x41	a	97	0141	0x61
"	34	0042	0x22	B	66	0102	0x42	b	98	0142	0x62
#	35	0043	0x23	C	67	0103	0x43	c	99	0143	0x63
$	36	0044	0x24	D	68	0104	0x44	d	100	0144	0x64
%	37	0045	0x25	E	69	0105	0x45	e	101	0145	0x65
&	38	0046	0x26	F	70	0106	0x46	f	102	0146	0x66
'	39	0047	0x27	G	71	0107	0x47	g	103	0147	0x67
(	40	0050	0x28	H	72	0110	0x48	h	104	0150	0x68
)	41	0051	0x29	I	73	0111	0x49	i	105	0151	0x69
*	42	0052	0x2a	J	74	0112	0x4a	j	106	0152	0x6a
+	43	0053	0x2b	K	75	0113	0x4b	k	107	0153	0x6b
,	44	0054	0x2c	L	76	0114	0x4c	l	108	0154	0x6c
-	45	0055	0x2d	M	77	0115	0x4d	m	109	0155	0x6d
.	46	0056	0x2e	N	78	0116	0x4e	n	110	0156	0x6e
/	47	0057	0x2f	O	79	0117	0x4f	o	111	0157	0x6f
0	48	0060	0x30	P	80	0120	0x50	p	112	0160	0x70
1	49	0061	0x31	Q	81	0121	0x51	q	113	0161	0x71
2	50	0062	0x32	R	82	0122	0x52	r	114	0162	0x72
3	51	0063	0x33	S	83	0123	0x53	s	115	0163	0x73
4	52	0064	0x34	T	84	0124	0x54	t	116	0164	0x74
5	53	0065	0x35	U	85	0125	0x55	u	117	0165	0x75
6	54	0066	0x36	V	86	0126	0x56	v	118	0166	0x76
7	55	0067	0x37	W	87	0127	0x57	w	119	0167	0x77
8	56	0070	0x38	X	88	0130	0x58	x	120	0170	0x78
9	57	0071	0x39	Y	89	0131	0x59	y	121	0171	0x79
:	58	0072	0x3a	Z	90	0132	0x5a	z	122	0172	0x7a
;	59	0073	0x3b	[	91	0133	0x5b	{	123	0173	0x7b
<	60	0074	0x3c	\	92	0134	0x5c	|	124	0174	0x7c
=	61	0075	0x3d	]	93	0135	0x5d	}	125	0175	0x7d
>	62	0076	0x3e	^	94	0136	0x5e	~	126	0176	0x7e
?	63	0077	0x3f	_	95	0137	0x5f				

Figura 19 - Tabela ASCII

ISO-8859

A maioria dos 95 caracteres imprimíveis do ASCII são suficientes para troca de informações quando se trata de dados escritos em inglês. No entanto, outras línguas latinas e erientais precisam de símbolos para representar os caracteres que não são cobertos pelo ASCII, como as letras acentuadas e outros caracteres.

O padrão ISO-8859 resolveu este problema utilizando uma codificação de 8-bits, possibilitando mais 128 codificações além das 128 existentes no ASCII.

Mesmo com mais 128 símbolos, o ISO-8859 não comportava todos os caracteres especiais que o alemão, espanhol, português, sueco, húngaro, dentre outras línguas necessitavam. Desta forma, eles criaram diferentes mapas de caracteres que fazem parte do ISO-8859, a seguir:

- ISO-8859-1 - Latin-1: Caracteres latinos do oeste europeu. É o mais usado, pois cobre o inglês, alemão, francês, italiano, português, espanhol e outras línguas da região oeste da Europa;
- ISO-8859-2 - Latin-2: Caracteres da Europa central e leste, como polaco, esloveno, sérvio, húngaro etc.;
- ISO-8859-3 - Latin-3: Caracteres do sul da Europa, como turco, e também o esperanto;
- ISO-8859-4 - Latin-4: Caracteres do Norte da Europa, como estoniano, lituano, dentre outras;
- ISO-8859-5 - Latin/Cyrillic: Caracteres usados na Rússia e na Ucrânia;
- ISO-8859-6 - Latin/Arabic: Caracteres árabes;
- ISO-8859-7 - Latin/Greek: Caracteres gregos;
- ISO-8859-8 - Latin/Hebrew: Caracteres hebreus;
- ISO-8859-9 - Latin-5: Caracteres turcos;
- ISO-8859-10 - Latin-6: Usados em línguas bálticas;
- ISO-8859-11 - Latin/Thai: Usados em línguas bálticas;
- ISO-8859-12 - Latin/Devanagari: Usados em devanágari;
- ISO-8859-13 - Latin-7: Adicionou alguns caracteres que ficaram faltando no latin-4 e latin-6;
- ISO-8859-14 - Latin-8: Caracteres celtas;
- ISO-8859-15 - Latin-9: Revisão do latin 1, removendo alguns símbolos pouco usados e adicionando outros;
- ISO-8859-16 - Latin-10: Usados no sudeste europeu para albanês, croata, húngaro, italiano, polonês, romeno e esloveno, mas também finlandês, francês, alemão e irlandês gaélico (nova ortografia). O foco está mais em letras de símbolos. O sinal de moeda é substituído com o símbolo do euro.

UNICODE

Unicode é um padrão que permite aos computadores representar e manipular, de forma consistente, texto de qualquer sistema de escrita existente.

O padrão consiste de um repertório de cerca de cem mil caracteres, um conjunto de diagramas de códigos para referência visual, uma metodologia para codificação e um conjunto de codificações padrões de caracteres, uma enumeração de propriedades de caracteres como caixa alta e caixa baixa, um conjunto de arquivos de computador com dados de referência, além de regras para normalização, decomposição, ordenação alfabética e renderização.

O Unicode é composto de esquemas padronizados de transformação Unicode chamados Unicode Transformation Format, ou **UTF**.

O seu sucesso em unificar conjuntos de caracteres levou a um uso amplo e predominante na internacionalização e localização de programas de computador.

O padrão foi implementado em várias tecnologias recentes, incluindo XML, Java e sistemas operacionais modernos.

O Unicode possui o objetivo explícito de transcender as limitações de codificações de caractere tradicionais, como as definidas pelo padrão ISO 8859, que possuem grande uso em vários países, mas que permanecem em sua maioria incompatíveis umas com as outras.

Várias codificações de caractere tradicionais compartilham um problema comum, ao permitirem processamento bilíngue (geralmente usando caracteres romanos e a língua local), mas não processamento multilíngue (processamento de línguas arbitrárias misturadas umas com as outras).

UTF-8

UTF-8 (8-bit Unicode Transformation Format) é um tipo de codificação Unicode de comprimento variável criado por Ken Thompson e Rob Pike.

Pode representar qualquer caractere universal padrão do Unicode, sendo também compatível com o ASCII. Por esta razão, é adotado como tipo de codificação padrão universal para email, páginas web e outros locais.

O "Internet Engineering Task Force" (IETF) requer que todos os protocolos utilizados na Internet suportem, pelo menos, o UTF-8.

iconv

$ iconv opções arquivo

O comando iconv pode ser usado para converter diferentes tipos de arquivos para codificações diferentes.

As opções mais comuns são:

- **-l**: Lista todos os formatos suportados;
- **-f**: Estabelece o formato de entrada dos dados;
- **-t**: Estabelece o formato de saída dos dados;
- **-o**: Arquivo de saída.

Exemplos:

Neste exemplo o iconv irá converter o arquivo1.txt para saída.txt, convertendo os caracteres da codificação ISSO-8859-1 usada geralmente no Windows para o formato do UTF-8:

```
$ iconv -f ISO-8859-1 -t UTF-8 –o saída.txt arquivo1.txt
```

A opção -l mostra todos os formatos de codificação suportados pelo iconv:

```
$ iconv -l
  437, 500, 500V1, 850, 851, 852, 855, 856, 857, 858, 860, 861,
862, 863, 864,
  865, 866, 866NAV, 869, 874, 904, 1026, 1046, 1047, 8859_1,
8859_2, 8859_3
( ... )
```

"Uuuuuurrrr ahhhrrrr uhhrrr aaaaarrrrghhhh"
(Que a Força esteja com você)
-- Chewbacca

108 - Serviços Essenciais do Sistema

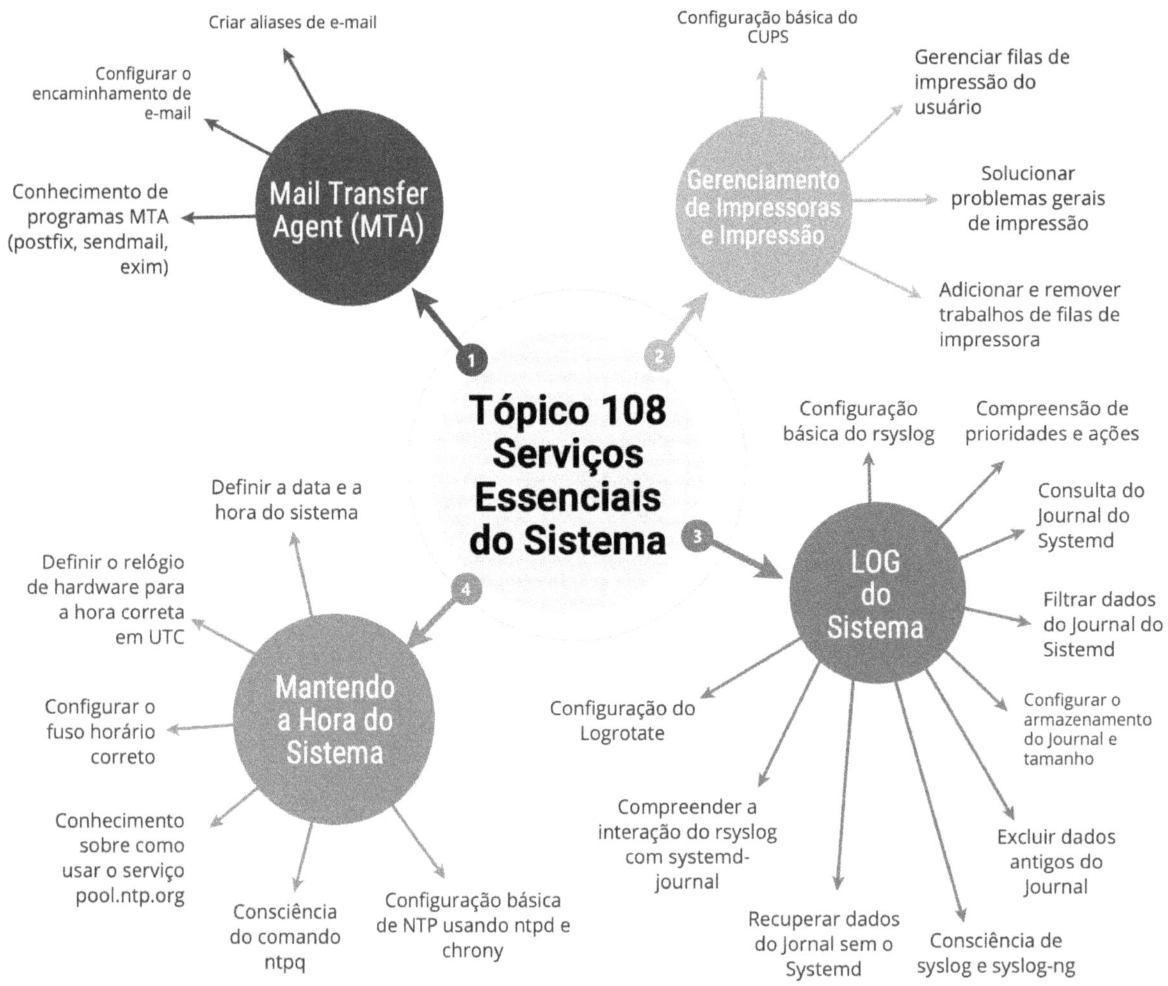
Tópico 108 Serviços Essenciais do Sistema
1
Mail Transfer Agent (MTA)
Criar aliases de e-mail
Configurar o encaminhamento de e-mail
Conhecimento de programas MTA (postfix, sendmail, exim)
2
Gerenciamento de Impressoras e Impressão
Configuração básica do CUPS
Gerenciar filas de impressão do usuário
Solucionar problemas gerais de impressão
Adicionar e remover trabalhos de filas de impressora
3
LOG do Sistema
Configuração básica do rsyslog
Compreensão de prioridades e ações
Consulta do Journal do Systemd
Filtrar dados do Journal do Sistemd
Configurar o armazenamento do Journal e tamanho
Excluir dados antigos do Journal
Consciência de syslog e syslog-ng
Recuperar dados do Jornal sem o Systemd
Compreender a interação do rsyslog com systemd-journal
Configuração do Logrotate
4
Mantendo a Hora do Sistema
Definir a data e a hora do sistema
Definir o relógio de hardware para a hora correta em UTC
Configurar o fuso horário correto
Conhecimento sobre como usar o serviço pool.ntp.org
Consciência do comando ntpq
Configuração básica de NTP usando ntpd e chrony

"Idéias têm conseqüências". --- Richard Weaver.

Os candidatos ao exame devem ser capazes de manter a hora do sistema e em sincronia com outros relógios utilizando o protocolo Network Time Protocol bem como a configuração de zona de fuso horário e variáveis de localização.

Além disso, esse tópico trata ainda do sistema de LOG do Linux, conhecimento básico do sistema de envio de e-mail e gerenciamento de impressoras.

108.1 - Mantendo a Hora do Sistema

O Linux mantém dois relógios: um deles é alimentado por bateria, conhecido como "Real Time Clock", RTC, "CMOS clock", "Hardware clock" ou relógio da máquina. Ele conta o tempo quando o sistema é desligado e não é utilizado quando o sistema está ativo.

O outro relógio chamado de "system clock", "kernel clock", "software clock" ou relógio do sistema é um software que conta o tempo baseado nas interrupções do processador. Ele precisa ser inicializado pelo RTC durante a carga do sistema.

Geralmente poderá haver diferenças entre o tempo marcado entre estes dois relógios, a hora e data reais. Veremos os comandos para ajustar o relógio do sistema.

O tempo na Terra é medido em segundos, que é uma unidade do Sistema Internacional de Unidades. Desde 1967 o segundo é definido com base na medição de relógios atômicos, que é a duração de 9.192.631.770 períodos da radiação correspondente à transição entre dois níveis hiperfinos do estado fundamental do átomo de césio 133.

Uma importante característica do tempo é sua monotonicidade, que significa que o tempo sempre avança. Essa característica é difícil de ser mantida por relógios implementados em software, como nos Sistemas Operacionais.

Desta forma, os sistemas computacionais carecem de ter os seus relógios frequentemente ajustados.

Para resolver este problema, foi criado o NTP - Network Time Protocol, que implementa, além de um protocolo, uma rede de servidores com relógios atômicos que servem para ajustar os relógios dos demais computadores do mundo.

Estes relógios são coordenados pelo Bureau International des Poids et Mesures (BIPM) que compõe mais de 260 relógios atômicos localizados em institutos e observatórios de metrologia ao redor do mundo, inclusive no Brasil.

O NTP é um protocolo para sincronização dos relógios dos computadores, baseados em alguma fonte confiável de tempo, como os relógios atômicos do Observatório Nacional, que definem a Hora Legal Brasileira. Com o NTP é fácil manter o relógio do computador sempre com a hora certa.

Desta forma, o NTP faz acesso a um ou mais servidores de tempo, e ajusta a hora local do sistema com base nestes servidores.

A última versão do software do NTP pode ser obtida no endereço http://www.ntp.org/downloads.html ou baixada como um pacote da distribuição Linux.

O pacote do NTP instala um serviço chamado ntpd, que executa em segundo plano, e faz ajustes da hora de tempos em tampos mantendo o relógio do sistema atualizado.

ntp.conf

O NTP possui um arquivo de configuração chamado ntp.conf que reside geralmente no diretório /etc.

Veja o arquivo de configuração ntpd.conf do CentOS 7:

```
# arquivo de "memoria" para o escorregamento de frequencia do
computador
driftfile /var/lib/ntp/drift
# restringe o acesso somente ao localhost
restrict 127.0.0.1
restrict ::1
# servidores
server 0.centos.pool.ntp.org iburst
server 1.centos.pool.ntp.org iburst
server 2.centos.pool.ntp.org iburst
server 3.centos.pool.ntp.org iburst
```

Além de sincronizar o relógio do sistema local com o relógio do servidor de NTP selecionado no arquivo de configuração, o NTP também disciplina o relógio através da fase e da frequência do sistema, de forma contínua, mesmo em períodos onde não é possível consultar servidores de tempo.

Desta forma, as características do relógio local são medidas e se tornam conhecidas do NTP, o que torna possível que ele faça as correções no tempo de forma independente. O arquivo indicado pela chave **driftfile** armazena o erro esperado de frequência para o relógio.

A chave **restrict** possibilita restringir o acesso ao NTP somente a endereços de redes do localhost ou da rede local.

Não é necessário que todos os computadores conectem remotamente em um servidor de tempo externo. Um Linux operando como gateway de rede pode se conectar à um servidor de NTP externo, e servir de fonte de sincronização para os demais computadores na rede.

O parâmetro **server** seguido do nome ou endereço do servidor, indica de quais servidores o NTP irá buscar a hora. É recomendável também usar adicionalmente o parâmetro **iburst** no comando, que serve para acelerar a sincronização inicial.

É comum indicar mais de um servidor com o parâmetro **server**, de forma que o cliente pode buscar a hora simultaneamente em mais de um servidor.

Por padrão, o arquivo de configuração do NTP já contém uma lista de servidores de NTP. Não é necessário alterar o arquivo, a menos que se deseje.

Depois de instalado e configurado, para utilizar o serviço do NTP é necessário iniciar o serviço com o comando:

```
# systemctl start ntpd
```

E depois habilitar o serviço para iniciação na carga do sistema:

```
# systemctl enable ntpd
```

O serviço do ntpd utiliza a porta 123 do protocolo de transporte UDP para falar com seus clientes ou conectar nos servidores. O comando "ss" com a opção "-lup" pode visualizar o status de escuta da porta 123:

```
# ss -lup | grep ntp
UNCONN    *:ntp    *:*    users:(("ntpd",pid=7744,fd=16))
```

Fuso Horário

Mesmo que o NTP busque a hora de um determinado servidor, de um país ou região que esteja com a hora em outro fuso horário, o Linux ainda faz o ajuste de fuso horário local utilizando um dos meios abaixo:

Forma de Ajuste	Observação
/etc/localtime	Link simbólico para alguma zona de fuso horário em /usr/share/zoneinfo. Geralmente utilizado para configurar o Fuso Horário de distribuições baseadas em Red Hat.
/etc/timezone	Arquivo que contém o nome da Zona de Fuso Horário utlizada pelo Linux. Geralmente utilizado para configurar o Fuso Horário de distribuições baseadas em Debia.
TZ	Variável ambiental que contém o nome da Zona de Fuso Horário. Funciona em qualquer Linux e pode ser customizada para cada usuário.
timedatectl	Serviço do Systemd que pode ser utilizado para configurar a Zona de Fuso Horário em distribuições que usam o Systemd.

pool.ntp.org

O projeto pool.ntp.org é um grande cluster virtual de servidores de tempo fornecendo um serviço NTP confiável e fácil de usar para milhões de clientes.

O pool.ntp.prg está sendo usado por dezenas de milhões de sistemas por todo o mundo. É o "servidor de tempo" padrão para a maioria das distribuições Linux e muitos appliances de rede.

O seu uso é muito simples, basta usar os seus servidores como referência na configuração:

```
server 0.pool.ntp.org
server 1.pool.ntp.org
server 2.pool.ntp.org
server 3.pool.ntp.org
```

ntpdate

O comando ntpdate também pode ser utilizado para sincronizar o relógio num determinado momento, mesmo que o serviço de NTP não esteja ativo:

```
$ ntpdate  -q a.ntp.br
server 2001:12ff::8, stratum 2, offset 0.004601, delay 0.04297
server 200.160.0.8, stratum 2, offset 0.003794, delay 0.04475
20 Oct 14:50:02 ntpdate[10902]: adjust time server 2001:12ff::8
offset 0.004601 sec
```

A opção "-q" apenas faz uma query para o servidor, sem alterar o relógio local. Para alterar o relógio local com o ntpdate, o serviço de ntpd não pode estar em execução.

ntpq

O utilitátio ntpq pode ser utilizado para fazer queries em servidores de NTP. Ele pode ser usado no modo interativo, em que um prompt será apresentado ou usando parâmetros.

A opção "-p" mostra a lista de servidores pares e o status de cada um:

```
# ntpq -p
     remote          st t when poll reach   delay   offset  jitter
==================================================================
==
+gps.ntp.br       2 u   86  256  217   19.648   -1.463 1059.39
*b.st1.ntp.br     1 u  198  256  307   31.605    4.667 828.577
 2001:440:1880:5 16 -  52m 1024    0    0.000    0.000   0.000
 b.ntp.br         2 u   63  256  237   55.025    0.950 732561.
+a.ntp.br         2 u   81  256  217   20.002   -1.437 1057.36
+a.st1.ntp.br     1 u   56  256  217   21.052   -1.931 1065.28
+gps.jd.ntp.br    1 u   96  256  217   21.140   -1.688 1055.66
+d.st1.ntp.br     1 u  121  256  217   23.940    0.083 1058.75
```

hwclock

O comando hwclock pode ser usado para ler o relógio de máquina ou atualizar o relógio de máquina com o relógio do sistema e vice-versa.

Como dito no início do capítulo, os computadores mantêm dois relógios. Um chamado de relógio de máquina (hardware), é ligado quando o sistema está inativo, e é mantido por um cristal de quartzo e uma bateria quando o computador está desligado. Esta bateria é capaz de manter o relógio mesmo quando desligado da rede elétrica por um bom tempo.

Quando o computador é ligado, o Linux lê o relógio de máquina para atualizar o seu relógio de sistema. É comum existir uma pequena diferença entre estes dois relógios.

O comando hwclock tem as seguintes opções:

- **-r**: informa as horas do relógio do hardware com o fuso horário local;
- **-s**: configura o relógio do sistema com as horas do relógio do hardware;
- **-w**: configura o relógio do hardware com as horas do relógio do sistema;
- **-c**: compara as horas do relógio de hardware e do relógio do sistema de 10 em 10 segundos;
- **--adjust**: adiciona ou subtrai tempo do relógio do hardware para ajusta-lo ao escorregamento da frequência;

Exemplos:

```
# hwclock -c
hw-time      system-time          freq-offset-ppm   tick
1571594417   1571594417.011423
1571594427   1571594427.012649                123      1
```

Para ajustar o relógio do Hardware com o relógio do sistema:

```
# hwclock -w
```

Chrony

O chrony é uma implementação versátil do Network Time Protocol (NTP). Ele pode sincronizar o relógio do sistema com servidores NTP.

Ele também pode operar como um servidor NTPv4 (RFC 5905) e ponto para fornecer um serviço de tempo para outros computadores na rede.

Ele pode ser instalado através dos pacotes da distribuição Linux:

```
$ sudo apt install chrony
```

chrony.conf

O Chrony utiliza o arquivo de configuração chamado chrony.conf que pode residir no diretório /etc/ ou /etc/chrony.

Sua configuração é semelhante ao ntpd.conf, com a única diferença é que a chave **server** se chama **pool**:

```
$ cat /etc/chrony/chrony.conf
pool ntp.ubuntu.com        iburst maxsources 4
pool 0.ubuntu.pool.ntp.org iburst maxsources 1
pool 1.ubuntu.pool.ntp.org iburst maxsources 1
pool 2.ubuntu.pool.ntp.org iburst maxsources 2
driftfile /var/lib/chrony/chrony.drift
```

O serviço do chrony pode ser iniciado e habilitado com o comando systemctl:

```
$ sudo systemctl start chrony
```

Para habilitar o serviço na carga do sistema:

```
$ sudo systemctl enable chrony
Executing: /lib/systemd/systemd-sysv-install enable chrony
```

chronyc

O chronyc é um utilitário usado para monitorar o desempenho do chronyd e para alterar seu funcionamento enquanto ele está em execução.

Se nenhum comando for especificado na linha de comando, chronyc esperará entrada do usuário através do prompt **chronyc>**.

Ele aceita diversos comandos, tanto no modo interativo quanto diretamente como argumento:

```
$ chronyc
chronyc> sources
210 Number of sources = 8
MS Name/IP address     Stratum Poll Reach LastRx Last sample

===========================================================
========
```

```
^- golem.canonical.com      2   6   373    70   -9241us[-9241us]
+/-  143ms
^- pugot.canonical.com      2   6   377    77     -11ms[  -11ms]
+/-  135ms
chronyc> quit
```

O comando **sources** faz a mesma coisa que o "ntpq -p".

O comando **tracking** mostra o status do relógio do sistema:

```
$ chronyc tracking
Reference ID    : C814BA4C (d.st1.ntp.br)
Stratum         : 2
Ref time (UTC)  : Sun Oct 20 20:15:10 2019
System time     : 0.000793245 seconds slow of NTP time
Last offset     : -0.000647185 seconds
RMS offset      : 0.001815075 seconds
Frequency       : 4.009 ppm slow
Residual freq   : -0.191 ppm
Skew            : 3.915 ppm
Root delay      : 0.031462338 seconds
Root dispersion : 0.002590907 seconds
Update interval : 129.0 seconds
Leap status     : Normal
```

A comunicação entre o servidor **chronyd** e o cliente **chronyc** é feita através da porta 323 UDP:

```
$ sudo ss -lunp | grep chrony
UNCONN  [::1]:323     [::]:*
users:(("chronyd",pid=18869,fd=6))
```

timedatectl

O comando timedatectl é capaz de identificar que o Linux está utilizando algum serviço de atualização do relógio do sistema, como o ntpd ou o chronyd:

```
$ timedatectl
                      Local time: Sun 2019-10-20 17:17:34 -03
                  Universal time: Sun 2019-10-20 20:17:34 UTC
                        RTC time: Sun 2019-10-20 20:17:34
                       Time zone: America/Buenos_Aires (-03, -0300)
System clock synchronized: yes
```

```
        NTP service: active
    RTC in local TZ: no
```

O chrony por ser mais rápido para atualizar a data e hora no sistema, ele é ideal para sistemas desktop e notebooks, que são desligados com frequência. Já o ntp é adequado para computadores que ficam permanentemente ligados.

108.2 - Log do Sistema

Muitos eventos acontecem em um ambiente Linux. Vários deles precisam ser gravados em um arquivo de histórico (LOG) para que um administrador possa verificar, posteriormente, quando acontece um erro ou para efeitos de auditoria.

O Linux vários serviços que oferecem essa funcionalidade de registrar os eventos importantes para consulta do administrador.

O mais antigo deles é o syslog, pouco utilizado. O sistema legado rsyslog é comum ser encontrado ainda nas distribuições, e o mais utilizado na maioria das atualmente é o Systemd Journal.

rsyslog

O rsyslog foi por muitos anos o serviço padrão de gravação de Logs do sistema. Seu trabalho consiste em coletar mensagens do Kernel, de outros serviços e de aplicativos, e grava-los em arquivos de log, enviá-los para outro serviço remoto de rsyslog, gravar em um banco MySql ou PostgreSQL e também exibir mensagens urgentes no terminal.

Para facilitar a organização das informações, o rsyslog divide as mensagens em grupos e também por severidade.

Sua instalação é simples, e pode ser feita através do gerenciador de pacotes:

```
# apt install rsyslog
```

Seu arquivo de configuração /etc/rsyslog.conf controla o que ele vai gravar e onde.

O rsyslog também trabalha com módulos, que são programas no estilo "plugin" que podem habilitar novas funcionalidades ao syslog, tais como: envio de mensagens SNMP, uso do MySQL, uso do PostgreSQL, outras bases de dados, etc.

O "**o que**" vai ser gravado é chamado de facilidade. As facilidades são, na verdade, a **origem** das mensagens. Cada facilidade possui níveis de severidade. Os níveis de severidade variam do grau de importância das mensagens.

As facilidades possíveis são:

- **auth**: Mensagens de segurança/autorização;

- **authpriv**: Mensagens de segurança/autorização (privativas);
- **cron**: Daemons de agendamento de tarefas (cron e at);
- **daemon**: Outros daemons do sistema que não possuem facilidades específicas;
- **kern**: Mensagens do kernel;
- **lpr**: Subsistema de impressão;
- **mail**: Subsistema de e-mail;
- **news**: Subsistema de notícias da USENET;
- **syslog**: Mensagens internas geradas pelo syslogd;
- **user**: Mensagens genéricas de nível do usuário;
- **local0** até **local7**: Reservados para uso local por outros programas que desejem escrever seus logs no syslog.

Os níveis de severidade podem ser:

- **debug (7)**: Informações de debug (depuração);
- **info (6)**: Mensagens apenas para informação;
- **notice (5)**: Condições normais, mas significativas;
- **warning (4)**: Condições de alerta;
- **err (3)**: Condições de erro;
- **crit (2)**: Condições críticas;
- **alert (1)**: Ações imediatas são requeridas;
- **emerg (0)**: Sistema indisponível.

Para cada facilidade podemos especificar um nível de severidade, que vai definir o grau de importância da mensagem. Quanto menor é o nível, maior a severidade. O nível 7 por exemplo é o que mais gera informações para depuração de erros.

rsyslog.conf

O arquivo /etc/rsyslog.conf possui o seguinte formato:

```
facilidade.severidade ação
```

A **ação** especifica o que deverá ser feito com a mensagem. Pode ser um arquivo de LOG, um PIPE (direcionado para um utilitário ou aplicativo), um outro sistema remoto, determinados usuários ou todos os usuários e até um banco de dados relacional como o MySQL ou PostgreSQL.

Desta forma, o rsyslog trabalha com o padrão de "sistema de filtros". Todas as mensagens com o nível especificado e menores são registradas de acordo com as opções usadas.

Por exemplo, se você escolher gravar as mensagens vindas do kernel com nível crítico (2), as mensagens de alerta (1) e emergência (0) também serão gravadas.

Também é possível que conjuntos de facilidades e níveis possam ser agrupados, separando-as por ponto-e-virgula "**;**".

As ações podem ser do tipo:

Ação	Descrição
Arquivo	As mensagens são gravadas em arquivos no sistema. O arquivo precisa ser especificado com o caminho completo, começando pela raiz do sistema com uma "/". Para ganhar performance, você deverá preceder o nome do arquivo com o sinal menos "-". Isso evita que o syslog grave diretamente no disco a cada inclusão e utilize um buffer. Mas se o sistema travar antes da escrita em disco, a mensagem será perdida.
PIPE "|"	As mensagens são enviadas para um arquivo especial chamado file descriptor. Este arquivo é uma memória em disco (FIFO) que outros programas podem ler. Para utilizar o PIPE, devemos preceder seu nome pelo símbolo "|" e criar o PIPE com o comando mkfifo.
Terminal e Console	Podemos especificar uma tela local do computador (console) através do caminho /dev/console ou um terminal remoto tty para onde as mensagens serão enviadas.
Computador Remoto	Podemos enviar as mensagens do syslog para uma máquina remota precedendo a ação com o símbolo "@" seguido do nome do host. Em questões de segurança, enviar as mensagens para outra máquina pode ser especialmente importante.
Usuários	Podemos especificar um determinado usuário ou uma lista de usuários (separado por vírgulas) para onde as mensagens serão enviadas no terminal quando estes estiverem logados no sistema.

Em algumas distribuições o rsyslog pode dividir seu arquivo de log em vários arquivos no diretório /etc/rsyslog.d para facilitar a organização:

```
$ ls -l /etc/rsyslog.d
-rw-r--r-- 1 root root  314 Aug 15  2017 20-ufw.conf
-rw-r--r-- 1 root root 1124 Mar  7  2019 50-default.conf
```

Esses arquivos podem ter qualquer nome, desde que tenham a extensão **.conf**. O numeral na frente do nome serve para ordernar a ordem de leitura da configuração pelo rsyslog.

Veja o conteúdo do arquivo 50-default.conf:

```
$ cat 50-default.conf | grep -v "#"
auth,authpriv.*              /var/log/auth.log
*.*;auth,authpriv.none       -/var/log/syslog
kern.*                       -/var/log/kern.log
mail.*                       -/var/log/mail.log
mail.err                     /var/log/mail.err
*.emerg                      :omusrmsg:*
```

Neste exemplo, à esquerda do arquivo são exibidos as facilidades do log e separado por tabulação o destino, que pode ser um arquivo.

Existem ainda quatro caracteres que garantem funções especiais: "*****", "**=**", "**!**" e "**-**":

- "*" - Todas as mensagens da facilidade especificada serão redirecionadas.
- "=" - Somente o nível especificado será registrado.
- "!" - Todos os níveis especificados e maiores NÃO serão registrados.

Os caracteres especiais "=" e "!" podem ser combinados em uma mesma regra.

O diretório padrão dos arquivos de log mantidos pelo rsyslog é o **/var/log**.

Veja abaixo outros exemplos do rsyslog.conf

Imprime no terminal as mensagens críticas:

```
kern.warning;*.err;authpriv.none    /dev/tty10
kern.warning;*.err;authpriv.none   |/dev/xconsole
*.emerg                             *
```

Envia alertas imediatos ao usuário root quando este estiver logado:

```
*.alert                 root
```

Envia mensagens do sistema de e-mail:

```
mail.*          -/var/log/mail
mail.info       -/var/log/mail.info
mail.warning    -/var/log/mail.warn
mail.err        /var/log/mail.err
```

Envia as mensagens críticas para um arquivo e também para outro servidor:

```
*.=warning;*.=err       -/var/log/warn
*.crit                        /var/log/warn
*.crit                         @servidor02
```

O exame requer que você tenha a noção da existência de outros dois sistemas de Logs: syslog e o syslog-ng.

syslog

O syslog é um utilitário utilizado para enviar mensagens de LOG muito parecido com o rsyslog, mas sem trabalhar com módulos ou banco de dados. Ele também trabalha com as facilidades, severidades e ações, mas limitado a arquivos e servidores remotos. Ele foi substituído pelo rsyslog que é sua versão aprimorada.

syslog-ng

Com o syslog-ng (Syslog Next Generation) é possível coletar logs de qualquer origem, processá-los em tempo real e entregá-los a uma grande variedade de destinos. O syslog-ng permite coletar, analisar, classificar, reescrever e correlacionar logs de forma flexível de toda a sua infraestrutura e armazená-los ou roteá-los para ferramentas de análise de log. Ele possui interface Web, com pesquisa rápida e também avisos de alerta por tipo de conteúdo.

logger

 # logger [-DSI] [-f arquivo] [-pri p] [-t tag] [-socket u] [Mensagem ...]

O Linux possui um utilitário para enviar mensagens para o rsyslogd chamado logger. Essa ferramenta é útil para o administrador utilizar em seus scripts, de forma a enviar uma informação importante sobre algum evento para o sistema de Log.

As opções mais comuns são:

- **-i**: Opera em modo interativo, de forma que as linhas são digitadas na console;
- **-s**: Faça a seguinte mensagem de erro padrão, bem como o registro do sistema;
- **-f arquivo**: Processe o arquivo especificado;
- **-p pri**: Informe a mensagem com a prioridade especificada. A prioridade pode ser indicada numericamente ou como um par "facility.level". Por exemplo, "-p local3.info" registra a mensagem como nível de informações na instalação local3. O padrão é "user.notice".

Os nomes de facilidades são: auth, cron, daemon, ftp, kern, lpr, mail, news, security, syslog, user, uucp, e local0 até local7.

Os níveis válidos são: alert, crit, debug, emerg, err, error, info, notice, panic, warning, warn.

Exemplos:

```
# logger –p user.info "o usuário uribeiro ativou o circuito 3 da segurança"
```

O logger então envia a mensagem para o rsyslog, que grava em /var/log/messages:

```
# tail /var/log/messagens
Out 22 19:25:34 linux-7rxb root: .p user.info o usuário uribeiro ativou o circuito 3 da segurança.
```

Rodízio de Logs com Logrotate

Uma vez que os LOGs podem crescer demasiadamente e se tornar grandes arquivos, faz-se necessário rotacionar os arquivos de log através de um rodízio. O utilitário que tem essa função é o logrotate.

Ele pode ser instalado facilmente com qualquer gerenciador de pacotes:

```
# apt install logrotate
```

O utilitário logrotate é usado para fazer cópias de segurança dos arquivos de LOG atuais do sistema. Ele copia e compacta os arquivos de LOG e cria novos arquivos. Esta rotação dos arquivos proporciona maior organização e agilidade quando precisamos encontrar algum detalhe útil, organizado por datas.

Ele não é um programa que fica residente na memória como um serviço. A sua execução é feita pelo CRON, geralmente no diretório de scripts do Cron diário em **/etc/cron.daily/logrotate**.

logrotate.conf

A rotação dos arquivos de LOG é feita de acordo com o tamanho do arquivo de logs especificado, mas a opção -f pode ser usada para "forçar" a rotação de logs. A opção -d fornece mais detalhes sobre o que o logrotate está fazendo. Seu arquivo principal de configuração é o **/etc/logrotate.conf**.

Da mesma forma que outros programas, o logrotate divide o arquivo de configuração em vários arquivos no diretório **/etc/logrotate.d**:

```
$ ls -l /etc/logrotate.d
-rw-r--r--   1 root root   160 Nov 12  2018 chrony
-rw-r--r--   1 root root   112 Feb 24  2019 dpkg
-rw-r--r--   1 root root   501 Mar  7  2019 rsyslog
-rw-r--r--   1 root root   178 Aug 15  2017 ufw
-rw-r--r--   1 root root   145 Feb 19  2018 wtmp
```

Exemplo de configuração do logrotate em /etc/logrotate.conf:

```
# roda os arquivos de log semanalmente
weekly
# mantém as últimas 4 cópias de logs anteriores
rotate 4
# Cria novos arquivos de log (vazios) após rodar os antigos
create
```

```
# Para compactar arquivos de logs compactados.
compress
# Inclusão de outras configurações:
include /etc/logrotate.d
```

Quando o número máximo de logs mantidos pela opção rotate [num] é atingida, os logs eliminados serão enviados para o usuário especificado na opção mail [email]. A utilização da diretiva nomail evita isso.

Veja o exemplo de um arquivo de configuração do log do chrony no /etc/logrotate.d:

```
$ cat /etc/logrotate.d/chrony
/var/log/chrony/*.log {
    postrotate
        /usr/bin/chronyc cyclelogs > /dev/null 2>&1 || true
    endscript
}
```

Neste exemplo o logrotate fará o rodízio do log do chrony no diretório /var/log/chrony/ e executará um comando após o rodízio dos logs.

Journal do Systemd

Uma das grandes vantagens do Systemd é a grande capacidade de registrar em Log aquilo que acontece com os processos e serviços do sistema. Ele permite centralizar os arquivos de Log dos diversos serviços, facilitando a leitura e interpretação deles.

O sistema que centraliza e gerencia estes logs do systemd é conhecido como **journal**. Este journal é implementado pelo serviço journald que organiza todas as mensagens de log do kernel, processos e serviços do usuário, como initrd, etc.

Um Journal segue o conceito de arquivo circular. Ele tem um tamanho determinado, e quando atinge esse tamanho, ele vai apagando os registros velhos para incluir novos registros.

A ideia é que as mensagens vindas de diferentes pontos do sistema e diferentes serviços seja organizada e armazenada em arquivos binários de log chamados de journal. Deste forma, as mensagens podem ser filtradas e mostradas em diferentes formatos, desde texto simples ou em forma de objeto JSON para criar um gráfico.

O journal geralmente é armazenado no diretório **/var/log/journal**.

journalctl

O comando journalctl pode ser utilizado para ler o journal. Quando nenhum parâmetro for informado, o journalctl mostra o log do systemd, de forma paginada (geralmente utilizando o comando less):

```
$ journalctl
-- Logs begin at Mon 2019-04-22 22:15:28 -03, end at Tue
2019-10-22 02:34:11 -03. --
Apr 22 22:15:28 ubuntu kernel: Linux version 5.0.0-13-generic
(buildd@lcy01-amd64-020) (gcc version 8.3.0 (Ubuntu
8.3.0-6ubuntu1)) #14-Ubun
Apr 22 22:15:28 ubuntu kernel: Command line:
BOOT_IMAGE=/boot/vmlinuz-5.0.0-13  root=/dev/sda1
```

O journalctl também permite filtrar por datas:

```
$ journalctl --since "2019-10-01 17:12:00"
```

ou

```
$ journalctl --since yesterday
```

Também é possível filtrar por Unit (unidade de serviço do systemd):

```
$ journalctl –u nginx.service
```

Ainda, filtro por componente Path

```
$ journalctl /bin/bash
```

Ou mostrar os registros recentes:

```
$ journalctl –n
```

E até mostrar os logs enquanto são gravados:

```
$ journalctl –f
```

A opção -p permite filtrar a prioridade do alerta:

```
$ journalctl -p alert
```

A prioridade do journal segue o mesmo padrão do rsyslog: "emerg" (0), "alert" (1), "crit" (2), "err" (3), "warning" (4), "notice" (5), "info" (6), "debug" (7).

Para ver a quantidade de disco que o journal está consumindo:

```
$ journalctl --disk-usage
Archived and active journals take up 104.0M in the file system.
```

systemd-cat

Similar ao logger, o journal também possui uma ferramenta capaz de enviar mensagens para o Journal. Este tipo de ferramenta é últil para o administrador enviar algo importante para o sistema de Log, especialmente usado nos scripts de administração e manutenção do sistema.

O seu funcionamento é bastante simples, recebendo mensagens na entrada padrão:

```
$ echo 'hello world' | systemd-cat
```

A mensagem pode ser visualizada com a opção -f do journalctl:

```
$ journalctl -f
Oct 22 04:48:36 ubuntu cat[4513]: hello world
```

É possível também especificar um identificador com a opção "-t" para facilitar o filtro, e também uma severidade com a opção "-p":

```
$ echo 'Emergencia!' | systemd-cat -t MeuPrograma -p emerg
uiraribeiro@ubuntu:~$
Broadcast message from systemd-journald@ubuntu (Tue 2019-10-22
04:49:56 -03):
MeuPrograma[4516]: Emergencia!
```

Neste caso, o sistema até fez um alerta no terminal, além de gravar em vermelho no Log:

```
$ journalctl -f
Oct 22 04:49:56 ubuntu MeuPrograma[4516]: Emergencia!
```

journald.conf

O arquivo de configuração **/etc/systemd/jounald.conf** pode ser utilizado para limitar a quantidade de espaço que o journal pode consumir.

Algumas opções importantes deste arquivo são pauta da prova, tais como o armazenamento do journal e também seu tamanho.

Storage

Esta opção do journald.conf determina onde como o jornal será armazenado. Os valores podem ser "volatile", "persistent", "auto" e "none".

Se for configurado como "**volatile**", os dados do journal serão armazenados somente em memória, geralmente em um arquivo de memória especial no diretório **/run/log/journal**.

Se for configurado como "**persistent**", os dados serão gravados em disco, preferencialmente no diretório **/var/log/journal**, com cópia em memória no diretório /run/log/journal enquanto o disco raiz não está no estado de gravação no processo de boot do computador.

Se for configurado como "**auto**", o resultado é similar ao "persistent", mas irá gravar no diretório /var/log/journal somente se esse existir. Senão todos os dados serão descartados.

A opção "**none**" desliga a gravação, descartando todos os logs.

O padrão é "**auto**".

Tamanho

As diretivas **SystemMaxUse**, **SystemKeepFree**, **SystemMaxFileSize**, **SystemMaxFiles**, **RuntimeMaxUse**, **RuntimeKeepFree**, **RuntimeMaxFileSize** e **RuntimeMaxFiles** definem o tamanho do journal.

As diretivas que começam com o prefixo "**System**" se aplicam ao Jornal quando este está armazenado na disco, de maneira persistente, geralmente no diretório /var/log/journal. Já as diretivas que começam com o prefixo "Runtime" se aplicam ao jornal quando este está armazenado na memória, especificamente em /run/log/journal.

Desta forma, as diretivas **SystemMaxUse** e **RuntimeMaxUse** controlam o tamanho máximo de disco ou memória que o journal pode consumir.

As diretivas **SystemKeepFree** e **RuntimeKeepFree** controlam quanto de disco o systemd-journald deverá deixar para outros programas.

As diretivas **SystemMaxFileSize** e **RuntimeMaxFileSize** controlam o tamanho máximo dos arquivos individuais do journal, determinando a granularidade dos arquivos e influência o rodízio dos logs.

Limpeza de Logs Antigos

A opção **--vacuum-size** limpa os logs antigos do Journal até que os arquivos atingam o tamanho abaixo do tamanho especificado:

```
# journalctl --vacuum-size=10M
Deleted archived journal
/var/log/journal/de5040dbad4c124db4379433293750ce/system@95939d1d
```

```
9f0d4e43a7301a6fb64005fe-0000000000000001-00058728520be076.journa
l (16.0M).
Deleted archived journal
/var/log/journal/de5040dbad4c124db4379433293750ce/user-1000@3f9f2
a6a495e4f1eb3fa38eaf1f13f2f-00000000000010ae-0005872ed269843f.jou
rnal (8.0M).
```

A opção **--vacuum-time** limpa os logs anteriores a uma determinada data:

```
# journalctl --vacuum-time=1week
Deleted archived journal
/var/log/journal/de5040dbad4c124db4379433293750ce/system@95939d1d
9f0d4e43a7301a6fb64005fe-00000000000036d5-00058893e1031dfb.journa
l (8.0M).
Vacuuming done, freed 8.0M of archived journals from
/var/log/journal/de5040dbad4c124db4379433293750ce.
```

A opção --vacuum-files restringe o número de arquivos do Jornal até o número especificado, diminuindo a granularidade, permitindo um melhor gerenciamento da rotação dos logs.

```
# journalctl --vacuum-files=5
Vacuuming done, freed 0B of archived journals from
/var/log/journal/de5040dbad4c124db4379433293750ce.
```

Acesso ao Jornal sem o Systemd

Um caso peculiar é o acesso ao Jornal sem o Systemd funcionando. Isto acontece em situações de manutenção e recuperação de dados, quando um sistema é reiniciado em modo de emergência, ou pior, quando o disco raiz é montado com um Pendrive ou em outro computador para reparos.

Este acesso somente é possível quando o Jornal estava em modo persistente, com os logs gravados em /var/log/journal.

Para acessar o journal em modo de recuperação, pode-se usar a opção --file do journalctl:

```
$ journalctl --file /var/log/journal/$(cat /etc/machine-
id)/system.journal
-- Logs begin at Sat 2019-10-19 14:33:50 -03, end at Tue
2019-10-22 04:01:18 -03. --
Oct 19 14:33:50 ubuntu systemd[1]: Starting Discard unused blocks
on filesystems from /etc/fstab...
Oct 19 14:33:50 ubuntu systemd[1]: Starting Rotate log files...
Oct 19 14:33:50 ubuntu fstrim[14891]: /: 337.5 MiB (353882112
```

```
bytes) trimmed on /dev/sda1
```

Observe que a saída do comando "cat /etc/machine-id" é fornecida como caminho para o Journal.

Interação do rsyslog com o jounal do systemd

Em alguns casos são interessantes a interação do rsyslog com o Journal, como, por exemplo, para criar mensagens estruturadas e armazená-los num banco de dados de arquivos como o MySql.

Uma interface de comunicação para esta cooperação é fornecida por módulos de entrada e saída no lado do Rsyslog e pelo socket de comunicação do Jornal.

No lado do rsyslogd deve-se usar o módulo **imjournal** como um modo de entrada padrão para arquivos de diário. Com este módulo, a importação será dos das mensagens e dos dados estruturados fornecidos pelo journald.

Como alternativa, também é possível configurar o rsyslogd para ler a partir do socket fornecido pelo Journal como uma saída para aplicativos baseados em syslogd. Em comparação com imjournal, a entrada de soquete oferece atualmente mais recursos, como vinculação de conjunto de regras ou filtragem.

108.3 Básico do Mail Transfer Agent (MTA)

A configuração básica de envio de e-mail no Linux é um tópico do exame.

O Linux conta hoje com robustos agentes de transferência de e-mail, como o Sendmail, EXIM, e o POSTFIX.

Sendmail

O Sendmail é um agente de transferência de e-mail (Mail Transfer Agent - MTA) muito popular na Internet. Ele é um poderoso servidor que permite uma gama de opções muito grande. Sua configuração completa está além do escopo do exame.

Saber como alterar simples parâmetros do sendmail, como a regra "Smart Host", criar apelidos, encaminhamento de mensagens e gerenciar a fila de mensagens são atividades necessárias para o exame.

Apelidos

Saber configurar um redirecionamento de e-mail para uma outra conta de usuário é cobrado pelo exame. O redirecionamento é chamado de "aliases", ou apelidos.

O arquivo que configura os redirecionamentos é o /etc/mail/aliases ou /etc/aliases. A localização do arquivo é definida no sendmail.cf:

```
# cat /etc/sendmail.cf | grep aliases
```

/etc/aliases

No arquivo /etc/aliases um e-mail para determinada conta pode ser redirecionado para uma ou mais contas. O formato básico dele é:

```
conta_de_email_original:  conta_destino, conta_destino2
```

Ele também suporta que os e-mail sejam redirecionados para contas externas do sistema.

Veja um exemplo:

```
# cat /etc/aliases
postmaster:     root
mailer-daemon: postmaster
virusalert:     root
administrator: root
daemon:         root
marketing:      carlos, guilherme, ana
vendas:         uribeiro@gmail.com
```

O sendmail não lê diretamente o arquivo texto de aliases. As informações deste arquivo precisam ser compiladas num bando de dados localizado em **/etc/aliases.db**.

Portanto, depois de cada alteração feita em /etc/aliases, é necessário compilar este banco de dados com o comando:

```
# newaliases
```

.forward

Outro método para redirecionamento de e-mail é a criação do arquivo **.forward** dentro do diretório HOME dos usuários. Este arquivo deve conter uma linha com o endereço de e-mail de destino.

Para criar este arquivo é simples, e o seu conteúdo pode conter um ou mais endereços para o qual a mensagem será redirecionada:

```
$ echo "uribeiro@gmail.com" > .forward
$ chmod 644 .forward
```

Filas de Mensagens

O gerenciamento das filas de mensagens também é requerido pelo exame. O sendmail utiliza uma fila para armazenar temporariamente os e-mails que precisam ser enviados. À medida que as mensagens são despachadas, a fila é processada até que esteja vazia.

Esta implementação é necessária porque nem todos os e-mails podem ser enviados de uma só vez, devido a restrições de banda, disponibilidade de conexão, falha no servidor remoto, etc.

O comando mailq exibe o conteúdo desta fila:

```
$ mailq
        Mail Queue (2 requests)
--Q-ID-- --Size-- ----Q-Time---- ---------Sender/Recipient------
   JAA00826     0 Thu Jun 15 09:16 <queiroz@certificacaolinux. com.br>
<root@certificacaolinux.com.br>
   IAA00818      0 Thu Jun 15 08:50 <maria@certificacaolinux.com. br>
<jose@certificacaolinux.com.br>
```

Leitor de E-Mails

O utilitário mail pode ser utilizado para ler os e-mails no terminal e também utilizado para enviar e-mails do terminal. Se nenhum parâmetro for informado, o mail irá ler a caixa postal do usuário logado.

```
$ mail
```

Para enviar um email utilizando o mail, você pode informar o assunto da mensagem com a opção "-s" seguido do email do destinatário:

```
$ mail –s "Mensagem importante" uribeiro@certificacaolinux.com.br
```

Assim que este comando for digitado, o mail entrará em "modo de escrita" da mensagem. Após terminar de escrever o email, deve-se pressionar Ctrl-D para sair do modo de escrita e enviar a mensagem.

Uma mensagem também pode ser enviada de modo não interativo:

```
$ echo "Esta é a mensagem que quero enviar no corpo do email" |
mail –s "Teste" uribeiro@certificacaolinux.com.br
```

Emulação do Sendmail

Por se tratar do Agente de Envio de Email (MTA) mais antigo, outros MTAs fornecem uma camada de emulação de sendmail para se manterem compatíveis com ele. Mesmo que o computador não use o sendmail, mas o Postfix ou Exim, os comandos **sendmail** e **mailq** continuam funcionando em um modo que emula o sendmail.

EXIM

O Exim também é um excelente gerenciador de correio (MTA). A configuração do Exim é feita em um único arquivo dividido em sessões. As entradas neste arquivo consistem em palavras-chave e valores.

O Exim trabalha com uma interface de linha de comando parecida com o Sendmail e ainda conta com o controle da fila de mensagem.

POSTFIX

O Postfix é um agente de transferência de emails (MTA), um software livre para envio e entrega de emails. Rápido e fácil de administrar, é uma alternativa segura ao Sendmail, muito utilizado em servidores UNIX.

108.4 – Gerenciamento de Impressoras e Impressão

Este capítulo descreve como configurar e imprimir em sistemas Linux utilizando o spooler local de impressão, impressão em rede e impressão em redes Windows utilizando o SAMBA.

Por anos o problema de impressão flagelou o Linux. Ao contrário do Microsoft Windows ou do Mac OS, o Linux não tinha nenhum suporte ou sistema padrão para lidar com impressoras.

O pacote CUPS (Common Unix Printing System) foi projetado para eliminar o problema impressão no UNIX e no Linux pois pode ser usado por todas as suas variantes. Ele possui um filtro de impressão modular que pode ser adaptado pelos fabricantes de impressoras de forma fácil permitindo seu uso. Os comandos do pacote CUPS fornecem suporte a impressão, gerência de documentos impressos e impressão remota.

Para que possamos trabalhar com impressão, é necessário que o suporte a portas paralelas ou suporte a dispositivos USB estejam compilados no Kernel.

Os comandos nativos do sistema para impressão fazem parte do pacote desenvolvido para o Unix chamado **lpd**. Ele funciona como um daemon, provendo serviços de impressão. Este processo fica constantemente verificando uma fila de trabalhos a serem impressos, e se encarrega de imprimir quando um arquivo novo chega.

Este sistema utiliza uma fila de impressão porque as impressoras são dispositivos geralmente lentos, com pouca memória e com alta probabilidade de erros. Assim, o sistema precisa gerenciar os documentos para que tudo possa funcionar corretamente.

O servidor CUPS pode ser instalado através de um gerenciador de pacotes, como o apt-get ou yum:

```
$ sudo apt-get install cups
```

O comportamento do servidor CUPS é configurado através do arquivo **/etc/cups/cupsd.conf**.

O servidor cups pode ser iniciado com o comando:

```
# systemctl start cups
```

Uma vez iniciado o servidor CUPS, ele pode ser acessado através de um navegador na porta **631** do host em questão:

> http://maquina.dominiolocal:631 ou mesmo http://localhost:631

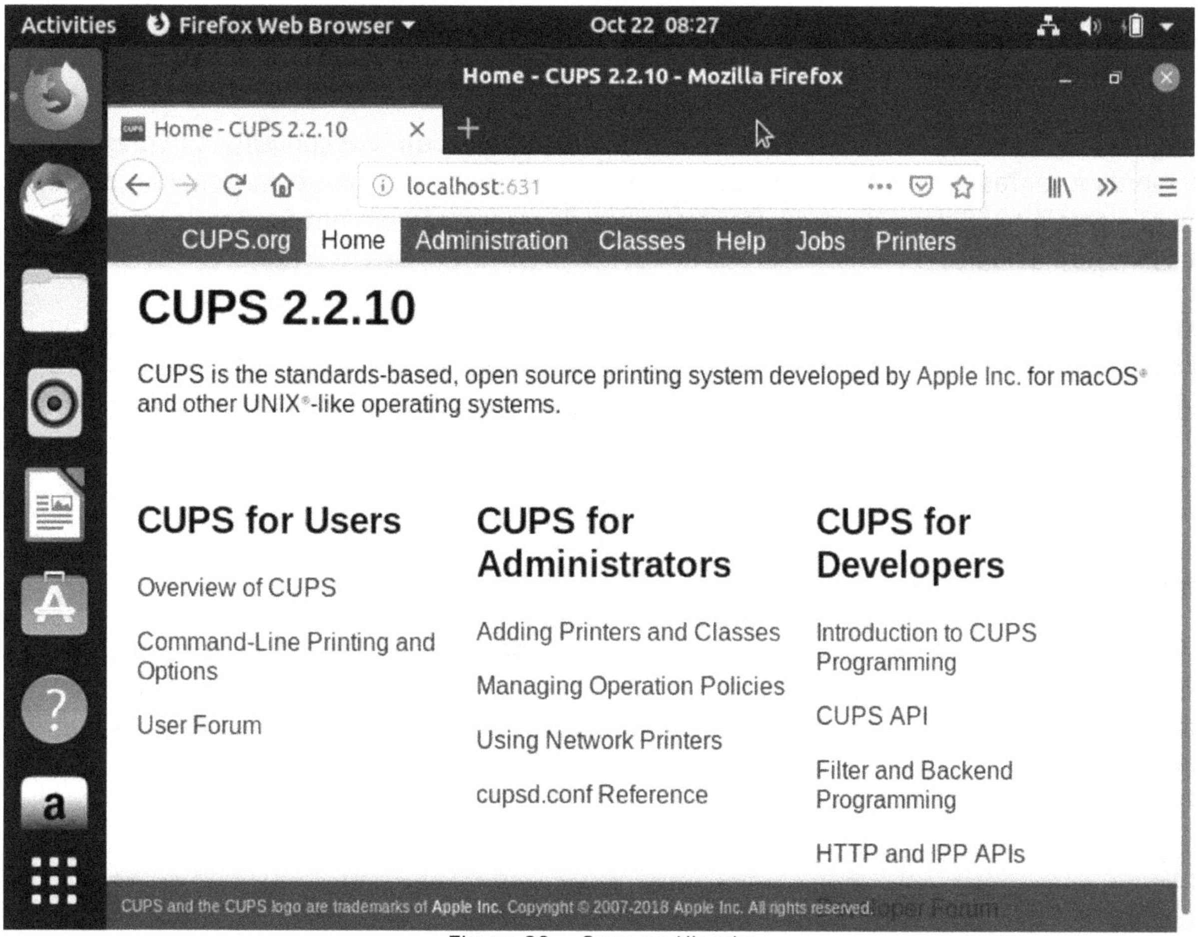

Figura 20 – Cups no Ubuntu

Neste servidor web é possível configurar impressoras, gerenciar filas de impressão, etc. Não é necessário adicionar ou remover impressoras manualmente alterando os arquivos de configuração.

Partes importantes do site de administração do Cups são:

- **Jobs**: usada para checar os jobs e impressão.
- **Administration**: Para adicionar impressoras, gerenciar os jobs e configurar o Cups server.
- **Printers**: mostra as impressoras

Gerenciamento de Impressoras

O pacote lpd conta com os seguintes comandos:

- **lpr**: É também conhecido como line print. Ele envia trabalhos para a fila de impressão;
- **lpq**: Este comando mostra o status da fila (queue) de impressão;
- **lprm**: Este comando remove (rm) trabalhos da fila;
- **lpc**: Comando de administração e controle da fila de impressão.

O daemon lpd precisa ser executado como superusuário para que ele possa dar acesso aos recursos de impressão para os usuários.

A configuração deste sistema é gravada no arquivo **/etc/printcap**. Ele contém os nomes das impressoras e regras de impressão. O lpd conta ainda com arquivos especiais chamados de filtros, que têm a habilidade de converter trabalhos de impressão em um formato com que a impressora possa lidar.

Os trabalhos que são enviados para a fila de impressão são armazenados no diretório **/var/spool/lpd** até que a impressora esteja pronta para impressão. Cada impressora configurada no sistema possui um subdiretório com o seu nome.

Instalando uma Impressora manualmente

Para testarmos se um dispositivo de impressora está corretamente configurado no sistema e fisicamente conectado ao computador, devemos imprimir um arquivo texto diretamente.

Isto é feito direcionando a saída ou o texto com o sinal maior-que ">" para a porta de impressora. Os dispositivos de impressão paralela são nomeados como **/dev/lp0** para **LPT1** e /dev/lp1 para LPT2. As impressoras conectadas a portas USB utilizam os dispositivos **/dev/usb/lp0**.

```
$ echo "TESTE DE IMPRESSAO" > /dev/lpt0
```

Depois de certificarmos a conexão com a impressora no sistema é necessário fazer a configuração do dispositivo no arquivo **/etc/printcap**.

A primeira linha deste arquivo configura o nome da impressora. Mais de um nome pode ser especificado, separando-os com o sinal "|" pipe. Cada impressora deve ocupar somente uma linha no arquivo ou utilizar a contrabarra "\" para indicar que a configuração para uma mesma impressora continua na próxima linha. Os parâmetros devem ser separados pelo dois pontos ":".

Veja um exemplo:

```
lp|djet500|djet500-a4 with lprMagic Universal Filter:\
:lp=/dev/lp1:\
:sd=/var/spool/lpd/djet500:\
:lf=/var/spool/lpd/djet500/log:\
:af=/var/spool/lpd/djet500/acct:\
:if=/usr/local/lprMagic/unifilter:\
:mx#0:\
:sh:
```

Os parâmetros que podem ser definidos neste arquivo são:

- **lp**: Dispositivo onde a impressora está conectada. /dev/lp0 ou /dev/lp1 para portas paralelas e /dev/usb/usblp0 para impressoras USB;
- **sd**: Especifica o diretório de spool local para armazenar a fila de impressão. Cada impressora deve ter o seu diretório;
- **lf**: Especifica a localização do arquivo de log para o sistema escrever mensagens de erro de impressão;
- **af**: Especifica o arquivo de contabilidade de impressão, onde serão gravados os dados sobre o uso da impressora;
- **if:** Especifica o local do programa que será executado para transformar os arquivos de impressão para o formato suportado pela impressora. São os filtros de impressão;
- **mx**#nnn: Tamanho máximo em blocos do arquivo que poderá ser impresso, onde nnn especifica os blocos. Se for informado zero, o tamanho será ilimitado;
- **sh**: Suprime a impressão do cabeçalho de impressão. É útil para identificação do usuário dono do documento impresso.

Impressoras locais e remotas precisam ser configuradas no /etc/printcap.

Comandos da Interface Legada do Cups

O Cups possui uma interface "legada" no prompt do shell, quando sua administração não possuia uma página Web para realizar as configurações e gerenciamento de impressoras e impressões. Conhecer esses comandos faz parte do exame.

lp

Uso: $ lp [opções] [arquivos]

O comando lp também imprime arquivos. Ele possui algumas opções a mais que o lpr.

As opções mais frequentes são:

- -w: Envia mensagem na tela ao término da impressão;
- -dnome: Especifica o nome da impressora;
- -Hcomando: Imprime o arquivo de acordo com os comandos:
- hold: Pausa a impressão de um determinado trabalho;
- resume: Volta a imprimir um trabalho pausado;
- immediate: Avança o trabalho na fila de impressão para o próximo a ser impresso;
- -nx: Especifica um número x de cópias a serem impressas.

Exemplo:

```
$ lp LEIAME.TXT
```

lpq

Uso: $ lpq [opções] [usuário] [trabalhos]

O comando lpq lista o conteúdo da fila de impressão. Este comando pode filtrar os trabalhos pelo seu número, pelo usuário e pelo nome da impressora.

As opções mais frequentes são:

- -Pnome: Mostra a fila de impressão de uma determinada impressora;
- -l: Fornece mais detalhes da fila de impressão.

Exemplos:

```
$ lpq
Rank    Owner       Job    Files
Active  joao         483    INSTALL
2rd     neide        484    RFC137
3rd     cristiane    485    relatorio.ps
4rd     carla        486    notas.txt
```

lprm

Uso: $ lprm [opções] [usuário] [trabalho]

Este comando remove da fila de impressão um determinado trabalho ou trabalhos de um determinado usuário.

A opção possível é:

- -Pnome Especifica o nome da impressora.
- Exemplo:

```
$ lprm -
```

Remove os trabalhos do usuário logado.

lpc

Uso: $ lpc [comando]

O lpc controla as operações de impressão de uma ou mais impressoras. Ele pode ser usado para iniciar ou parar os trabalhos, habilitar ou desabilitar uma fila de impressão, rearranjar os trabalhos na fila, dentre outras opções.

Se nenhum parâmetro for passado como argumento, o lpc executa em modo interativo habilitando seu próprio interpretador de comandos.

Os possíveis comandos são:

- **? comando**: Fornece ajuda para o comando especificado;
- **abort** [all/impressora]: Termina todos os trabalhos de impressão imediatamente e desabilita o serviço;
- **clean** [all/impressora]: Remove todos os arquivos na fila de impressão;
- **disable** [all/impressora]: Desabilita a entrada de novos trabalhos de impressão na fila.
- **down** [all/impressora]: Desabilita a entrada de novos trabalhos [mensagem] de impressão na fila e avisa os usuários através de uma mensagem personalizada;
- **enable** [all/impressora]: Habilita o serviço de impressão;
- **exit**: Sai do modo interativo do lpc;
- **restart** [all/impressora]: Reinicia o serviço de impressão. É utilizado quando alguma condição anormal parou o lpd;
- **start** [all/impressora]: Inicia o serviço e a fila de impressão;
- **stop** [all/impressora]: Para o serviço e a fila de impressão;
- **topq** impressora [usuário] [trabalho]: Move um determinado trabalho pelo número ou de um usuário para o início da fila de impressão;
- **up** [all/impressora]: Inicia e habilita o serviço de impressão parado pelo comando down;
- **status** [all/impressora]: Exibe o status das impressoras.

Exemplos:

Para ver o status de uma impressora:

```
$ lpc status
lp:
queuing is enabled
printing is enabled
4 entries in spool area
lp is ready and printing
```

Para disabilitar uma impressora:

```
# lpc disable lp
lp:
queuing disabled
```

Imprimindo Arquivos

Durante o processo de impressão, o sistema precisa lidar com arquivos de diversos formatos, como texto puro, HTML, PDF, PostScript, gráficos, imagens, documentos do OpenOffice, etc. As impressoras não suportam esta variedade de padrões e por isto os arquivos precisam ser transformados em um formato com que as impressoras possam trabalhar.

O filtro é um programa que irá receber um arquivo para ser impresso e transformá-lo em uma linguagem chamada Linguagem de Descrição de Página (Page Description Language) que é uma forma de PostScript para Linux.

Depois de transformado em PDL, o arquivo é lido por um aplicativo chamado Ghostscript que é capaz de interpretá-lo e transformá-lo em um formato específico de cada impressora.

Este processo não é necessário para todos os tipos de arquivos. Os textos em ASCII podem ser enviados diretamente para a impressora em formato PDL. Algumas impressoras a laser possuem um interpretador de Postscript próprio dispensando o uso do Ghostscript.

O sistema pode selecionar o tipo de filtro que será utilizado verificando o início de cada arquivo a ser impresso. Cada arquivo tem uma assinatura própria indicando o seu formato. Esta assinatura é chamada de número mágico (magic number).

Os dois filtros de impressão mais conhecidos são o APSfilter e o magicfilter.

Cada tipo de trabalho será tratado de forma diferente para que possa ser transformado corretamente e impresso.

Com a impressora devidamente instalada, vamos aos comandos de gerência, visualização de filas e impressão.

lpr

Uso: $ lpr [opções] [arquivos]

Este comando envia arquivos para a fila de impressão. Uma cópia do arquivo a ser impresso é gravada no spool até que a impressão esteja completa.

As opções mais frequentes são:

- -#n: Imprime n cópias do arquivo;
- -Pnome: Especifica a impressora que será usada. Se esta opção não for declarada, o sistema vai utilizar a impressora padrão (lp);
- -s: Habilita a criação de um link simbólico do arquivo a ser impresso para o diretório de spool. Evita a cópia desnecessária dos arquivos para impressão.

Exemplos:

Imprime o arquivo documento.txt.

```
$ lpr documento.txt
```

Imprime as contas de usuários definidas no arquivo passwd na impressora hp.

```
$ cat /etc/passwd | cut –d”:” –f 1 | lpr –Php
```

Imprime duas cópias do documento postscript relatório.ps diretamente para a impressora.

```
$ lpr -#2 –Praw relatório.ps
```

Instalando Impressoras Remotas em Linux

Adicionar uma impressora remota é relativamente simples. Os parâmetros **rp** e **rm** devem ser adicionados ao arquivo /etc/printcap. Estes comandos especificam o nome da impressora remota e o nome da máquina onde a impressora está instalada, nesta ordem. A Interface gráfica do Cups permite fazer a instalação de impressoras remotas sem a necessidade de alterar qualquer arquivo manualmente.

Veja o exemplo:

```
laser:\
:lf=/var/spool/lpd/lwerrs:\
:lp=\
:rm=prnsrv:\
:rp=lw:\
:sd=/var/spool/lpd/lw:
```

A impressora laser está conectada no computador prnsrv com o nome lw. Mesmo remota, a impressora necessita de uma fila de impressão local. Os trabalhos enviados para laser serão enviados para o computador prnsrv na impressora de nome lw.

O computador prnsrv precisa rodar o CUPS para receber as impressões.

Instalando Impressoras Remotas em Windows

Assumiremos que o Windows está corretamente configurado e que a impressora está devidamente compartilhada. O utilitário SAMBA também deve estar instalado. Ele oferece suporte ao compartilhamento de redes Microsoft Windows para o Linux e outros sistemas.

A configuração do arquivo /etc/printcap para impressoras compartilhadas pelo Microsoft Windows é:

```
winprn:\
:if=/usr/bin/smbprint:\
:sd=/var/spool/lpd/winlpd:
```

O filtro utilizado para impressão em redes Windows é o utilitário smbprint do pacote do SAMBA. Ele fará o redirecionamento da impressão.

Dentro do diretório de spool da impressora /var/spool/lpd/winlpd deverá ser criado o arquivo de configuração .config. Este arquivo terá a seguinte configuração:

```
# cat /var/spool/lpd/winlpd/.config
server=Jupiter
service=Impressora
password="1324"
```

Onde:

- O parâmetro **server** especifica o nome NETBIOS do servidor Windows;
- **service** deverá ser utilizado para especificar o nome da impressora;
- **password** deverá especificar a senha do compartilhamento Windows.

"Se você estiver indo rápido demais, tenha certeza de que não está descendo". -- Prof. Uirá

109 - Fundamentos de Rede

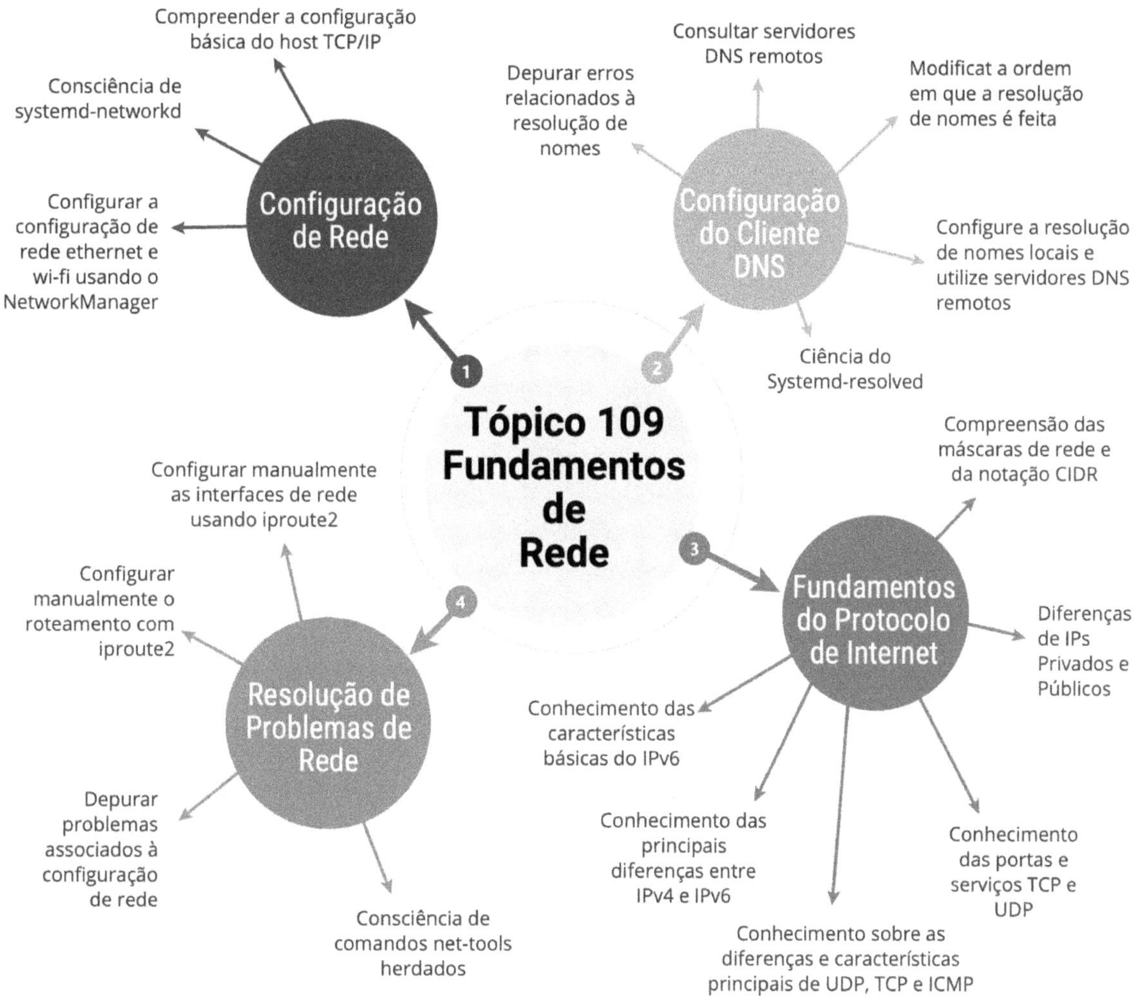

"As coisas não são boas ou ruins; o pensamento é que as faz assim." -- William Shakespeare.

O candidato ao exame deve demonstrar compreensão apropriada sobre fundamentos de rede. Este objetivo inclui o entendimento de endereçamentos IP, máscaras de rede, endereço de broadcast, e gateways.

Também leva em consideração conhecer as principais portas e serviços comuns dos protocolos TCP e UDP. Este tópico ainda inclui identificar, alterar e verificar as configurações e estados operacionais de várias interfaces de rede.

Configurar os serviços disponíveis no inetd, uso de tcpwrappers e ferramentas para diagnóstico também são escopo deste objetivo. Bem como entender as principais diferenças entre o IPv4 e IPv6, e as principais características da versão seis deste protocolo.

109.1 – Fundamentos dos Protocolos de internet

O TCP/IP Transmission Control Protocol / Internet Protocol se tornou o protocolo de comunicações padrão entre computadores a partir do crescimento exponencial da Internet. O UNIX sempre utilizou o TCP/IP como padrão e o Linux herdou este protocolo, bem como a Internet.

O endereço IP na versão 4 é escrito na notação decimal com quatro posições de 8 bits cada, totalizando 32 bits. Cada parte do endereço pode ir de 0 a 255 na notação decimal.

```
x.y.z.w
192.168.1.1
```

O protocolo permite que uma rede seja dividida em classes e subclasses de endereçamento. As classes indicam onde começa e termina uma rede e precisam de dois IPs para marcar o seu início e final.

A divisão de redes por classes é útil para dividir as redes de alguma forma lógica que enquadre as necessidades das empresas e pessoas. Por exemplo, você pode dividir as redes por departamento, por prédios físicos de uma escola, em rede administrativa e rede de convidado, enfim, qualquer divisão que ajude a administrar melhor a rede.

Esta divisão é feita utilizando um recurso chamado máscara de rede (subnet mask):

```
Número IP:  192.168.1.1 / Sub-rede: 255.255.255.0
```

A subnet mask funciona exatamente como uma máscara, indicando quais bits serão utilizados para definir a parte de endereçamento de rede e quais bits são usados para definir a parte de endereços de máquinas.

O modelo TCP/IP tem cinco classes de endereços definidas identificadas pelas letras: A, B, C, D e E. Para cada classe existe um determinado número de redes possíveis e, em cada rede, um número máximo de máquinas.

Classe A

Esta classe foi definida com o primeiro bit do número IP igual a zero. Desta forma o primeiro número IP somente poderá variar de **1** até **126**.

A máscara de rede para a classe A é:

```
255.0.0.0 (11111111.00000000.00000000.00000000), 8-bits para rede
e 24-bits para máquinas.
```

O número de redes de tamanho de uma Classe A possíveis é calculado: 2 elevado ao número de bits de rede - 2:

```
(2^n)-2
```

Como o primeiro bit sempre é zero, o número de bits para a rede é 7;

```
(2^7)-2 = 128-2 -> 126 redes Classe A.
```

O número de máquinas em uma rede Classe A também é calculado da mesma forma. Uma classe A tem 24 bits para máquinas;

```
(2^24)-2 = 16.777.216-2 -> 16.777.214 máquinas em cada rede
classe A.
```

Classe B

Esta classe foi definida como dois primeiros bits do número IP iguais a 1 e 0. Desta forma o primeiro número do endereço IP somente poderá variar de **128** até **191**.

Para a Classe B, foi definida a seguinte máscara de sub-rede:

```
255.255.0.0      (11111111.11111111.00000000.00000000),  16-bits
para rede e 16-bits para máquinas.
```

O número de redes Classe B possíveis é de 16.382, e o número de máquinas em uma rede classe B é de 65.534.

Classe C

Esta classe foi definida como três primeiros bits do número IP iguais a 1, 1 e 0. Assim, o primeiro número do endereço IP somente poderá variar de **192** até **223**.

Para a Classe C foi definida a seguinte máscara de sub-rede:

```
255.255.255.0     (11111111.11111111.11111111.00000000), 24-bits
para rede e 8-bits para máquinas.
```

O número de redes Classe C é de **2.097.150**, e o número de máquinas em uma rede classe C é de **254**.

Classe D

Esta classe foi definida como quatro primeiros bits do número IP iguais a 1, 1, 1 e 0. A classe D é uma classe especial, reservada para os chamados endereços de Multicast.

Classe E

Esta classe foi definida como quatro primeiros bits do número IP iguais a 1, 1, 1 e 1. A classe E é uma classe especial e está reservada para uso futuro.

Classe	Primeiros bits	Núm. Redes	Máquinas por rede	Máscara
A	0	126	16.777.214	255.0.0.0
B	10	16.382	65.534	255.255.0.0
C	110	2.097.150	254	255.255.255.0
D	1110	Multicast	-	-
E	1111	Reservado	-	-

Outra forma de calcular o tamanho de uma rede é você subtrair de 256 (8 bits) o octeto da máscara que é diferente de 255.

Exemplo:

192.168.1.0 com a máscara 255.255.255.0. Logo, o último octeto da máscara é zero.

Então 256 - 0 = 256. Para saber o número de IPs disponíveis, você subtrai do resultado -2.

Esta rede tem então 256 - 2 = 254 Ips válidos. Isso acontece porque uma rede sempre utiliza o primeiro IP para delimitar seu início e o último IP para delimitar o seu fim. A rede terá Ips válidos de 192.168.1.1 até 192.168.1.254.

Vejamos outro exemplo:

192.168.16.0 com a máscara 255.255.255.224.

Logo, o último octeto da máscara é 224.

Então 256 - 224 = 32. Para saber o número de IPs disponíveis, você subtrai do resultado -2.

Esta rede tem então 32 - 2 = 30 Ips válidos. O intervalo será de 192.168.16.1 até 192.168.16.30.

Um exemplo agora com várias classes C:

10.0.0.0 com máscara 255.255.128.0.

Logo, o octeto será o segundo, com valor 128. Então 256 - 128 = 128 redes classe C, uma vez que o último octeto é zero. Então o número de IPs disponíveis será (128 x 254)-2 = 32.766 endereços.

O intervalo será de 10.0.0.1 até 10.0.127.254.

CIDR

Outra forma de escrever a sub-rede é com a notação CIDR (Classless Inter-Domain Routing). Esta notação escreve as máscaras com uma "/" seguida do número de bits de endereçamento de rede.

Logo, uma classe C pode ser escrita da seguinte forma na notação CIDR:

```
192.168.1.0 com a máscara 255.255.255.0 será 192.168.1.0/24.
```

O /24 indica o número de bits que são do endereçamento de rede. Logo, dos 32 bits que compõe o endereçamento IPv4, apenas 8 bits (32 - 24 = 8) são de endereçamento de máquinas. Então, você deve elevar 2 ao número de bits de máquinas, menos 2, para saber o número de Ips disponíveis em uma rede /24: (2^8)-2 = 254.

Veja agora uma rede com máscara /28. Teremos 32 bits menos 28, que é igual a 4 bits de máquinas. (2^4)-2 = 14 Ips válidos. Como essa rede tem 4 bits de máquinas, o tamanho da rede será 16 (2^4 = 16). Se você subtrair 256 - 16, irá achar 240. Então a máscara /28 também pode ser escrita na forma 255.255.255.240.

Uma rede com máscara /22 terá 10 bits de máquinas (32-22=10). Então esta rede terá (2^10)-2 = 1022 endereços disponíveis. Como essa rede tem 10 bits de máquinas, o tamanho da rede será 1024 (2^10). 1024 endereços dá 4 classes C (1024/256). Outra forma de calcular é subtrair 8 bits (da classe C) dos 10 bits. Vão restar 2 bits. Então 2^2 - 4. Logo, 256 - 4 é igual a 252. Então a máscara pode ser escrita na forma 255.255.252.0.

Seguindo este raciocínio, uma máscara 192.168.1.30/32 designa um único endereço IP, pois 32 bits menos 32 bits de rede é igual a zero. Logo, 2^0 = 1.

Veja o último exemplo com a máscara /16. 32 bits menos 16 bits de rede é igual a 16. Então esta rede terá (2^16)-2 = 65.534 endereços disponíveis. Dos 16 bits de máquinas, 8 ficam no quarto octeto e 8 no terceiro octeto. 2^8 = 256. Então 256-256 = 0. Esta máscara pode ser escrita também como 255.255.0.0.

Você precisa estar familiarizado com as máscaras de rede, com a notação CIDR e saber calcular o número de Ips disponíveis para o exame.

Pelo menos uma questão da prova envolve fazer estes cálculos. Então, para ganhar tempo, sugiro você "decorar" as máscaras abaixo:

Decimal netmask	CIDR	Número de Ips	Número de Hosts Válidos
255.0.0.0	/8	16.777.216	16.777.214
255.255.0.0	/16	65536	65534
255.255.240.0	/20	4096	4094
255.255.255.0	/24	256	254
255.255.255.192	/26	64	62
255.255.255.240	/28	16	14
255.255.255.248	/29	8	6
255.255.255.252	/30	4	2
255.255.255.255	/32	1	1

Localhost

Existem alguns endereços IP especiais que são reservados para funções específicas e que não podem ser utilizados como endereços de uma máquina da rede. A Classe A 127.0.0.0 é utilizada como referência à própria máquina. Normalmente o endereço 127.0.0.1 é associado ao nome localhost.

Redes Privadas

Existem classes que são chamadas de IPs privados, pois são utilizadas em redes locais. Estas classes privadas não são reconhecidas na Internet, e portanto não podem se conectar na Internet sem o uso de um gateway ou dispositivo que faça a tradução dos IPs privados para IPs públicos.

Como na versão 4 do IP não há endereços suficientes para todos os computadores e dispositivos, o comitê gestor entendeu que algumas faixas de endereços podem ser usadas em redes privadas, e que, quando estas se conectassem à Internet, haveria uma tradução entre as redes privadas e públicas (Internet) que possibilitasse essa conexão. Os dispositivos ou gateways que fazem essa tradução operam um mecanismo chamado NAT - Network Address Translation.

O padrão RFC 1918 regula quais são as redes privadas do IPv4 e o padrão RFC 4193 regula quais são os endereços privados da rede IPv6.

Para a prova é importante você reconhecer quais faixas são utilizadas em redes privadas:

Faixa de Endereços	Número de IPs	Descrição / Tamanho	Bloco CIDR
10.0.0.0 - 10.255.255.255	16.777.216	Uma classe A	10.0.0.0/8
172.16.0.0 - 172.31.255.255	1.048.576	16 classes B	172.16.0.0/12
192.168.0.0 - 192.168.255.255	65.536	256 classes C	192.168.0.0/16
169.254.0.0 - 169.254.255.255	65,536	Uma classe B	169.254.0.0/16

Protocolos que Compõem o TCP/IP

O TCP/IP é constituído por um conjunto de protocolos que trabalham na camada de transporte.

A camada de transporte é responsável pelo controle da conversação entre as aplicações, movimentação dos dados de maneira eficiente e confiável, independentemente da rede física.

Ela garante que os dados tenham níveis de qualidade previamente negociados e que sejam entregues ao seu destino sem erros, em sequência e em segurança.

Camada de Transporte

A camada de transporte utiliza basicamente dois protocolos para transferir informações: o TCP e o UDP. O primeiro é orientado a conexão e o segundo é não orientado a conexão. Ambos os protocolos podem servir a mais de uma aplicação simultaneamente.

Um protocolo orientado a conexão significa que ele negocia uma comunicação entre transmissor e receptor, e mantém esta conexão ativa enquanto durar a conversa. Já um protocolo não orientado a conexão simplesmente entrega seu conteúdo do transmissor para o receptor, mas sem estabelecer uma conexão.

TCP - Transmission Control Protocol

O TCP é um protocolo da camada de transporte confiável, com conexão encapsulada no IP. Esta conexão permite garantir a entrega dos pacotes, assegura a sequência correta e faz um "checksum" que valida o cabeçalho e os dados do pacote.

No caso de a rede perder ou corromper um pacote TCP durante a transmissão, ele retransmite o pacote, sem qualquer interferência da aplicação.

Essa confiabilidade torna o TCP/IP o protocolo escolhido para transmissões baseadas em sessão, aplicativos cliente-servidor e serviços críticos.

Os cabeçalhos dos pacotes TCP requerem o uso de bits adicionais para assegurar sequência correta da informação e o "checksum" obrigatório que garante a integridade do cabeçalho e dos dados. Para garantia da entrega dos pacotes, o protocolo requisita que o destinatário envie um pacote especial chamado de "acknowledgement" que confirma o recebimento.

UDP - User Datagram Protocol

O protocolo UDP não garante a entrega dos dados, pois não faz a checagem de recebimento. Ele possui um "checksum" opcional que está dentro do seu próprio cabeçalho. É utilizado por aplicações que geram altos volumes de tráfego na rede, como vídeo e som. Estas aplicações não podem incorrer em atrasos na entrega dos pacotes, sacrificando a garantia de recepção. Um streaming de vídeo que perder poucos pacotes UDP será imperceptível para o usuário. Mas, se na transferência de um download faltar um arquivo, o mesmo será corrompido. Por este motivo o TCP é utilizado para transferência de dados de forma confiável (mesmo que mais lenta que o UDP) e o UDP é utilizado para streaming de conteúdo.

IP - Internet Protocol

O IP é o protocolo da camada Internet. Ele é responsável pela entrega de pacotes para todos os outros protocolos da família TCP/IP. Ele utiliza um sistema de entrega de dados sem conexão e trabalha com o endereçamento dos pacotes e seu roteamento.

ICMP - Internet Control Message Protocol,

O ICMP é um protocolo não orientado a conexão que funciona como um agente de controle de informações, mensagens de erro e informações de rotas. Ele usa datagramas IP como meio de transporte. O mecanismo de controle que emite mensagens quando acontece algum erro é a função principal do protocolo ICMP. Suas funções básicas são:

- Controle de Fluxo: Se o fluxo de entrada de dados for demasiadamente grande para uma determinada máquina, ela pode emitir um pacote ICMP avisando o emissor para parar temporariamente o envio de pacotes;
- Destinos Inalcançáveis: Alguns dispositivos de rede, como roteadores, são capazes de detectar falhas na entrega dos pacotes quando o destinatário não pode ser alcançado por algum motivo. Eles enviam um pacote ICMP para o remetente avisando esta condição;
- Redirecionamento: Alguns dispositivos podem usar o ICMP para avisar o remetente que utilize um outro caminho para alcançar o seu destinatário.
- Checagem de Máquinas: Este protocolo também possibilita que a conexão entre máquinas possa ser testada.

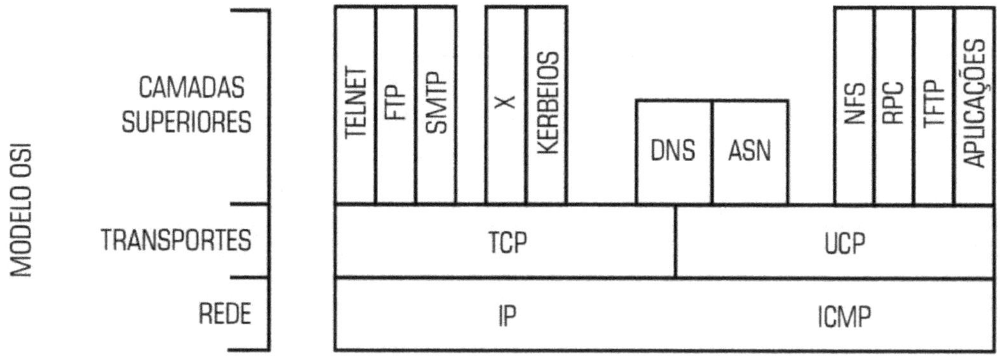

Figura 21 - Camada de Protocolos

Serviços e Portas TCP/IP

As aplicações fazem acesso à camada de transporte através de portas. Elas podem ser vistas como canais de comunicações.

Cada porta é referenciada como número inteiro, que a identifica e à aplicação a que ela dá suporte. Este número é um valor de 16-bit, que vai do 1 ao 65535 em decimal.

Os pacotes TCP e UDP contêm em seu cabeçalho informações como endereço IP do remetente, porta de origem, endereço IP e porta de destino.

Cada serviço de rede oferecido por um computador deve utilizar uma porta de comunicação exclusiva.

Os números de **1** a **1024** são chamados de portas privilegiadas porque os serviços oferecidos através delas executam com autoridade de superusuário. Elas também são chamadas de "portas bem conhecidas" porque são padronizadas para os mesmos serviços em vários sistemas.

O arquivo /etc/services define os serviços e as portas conhecidas pelo sistema Linux. Veja as portas cobradas no exame:

Porta	Uso
20, 21	FTP (uma para dados, outra para controle)
22	SSH
23	Telnet
25	SMTP
53	DNS
80	HTTP
110	POP3
123	NTP
139	NetBIOS
143	IMAP
161, 162	SNMP
389	LDAP
443	HTTPS
465	SMTPS
636	LDAPS
993	IMAPS

Porta	Uso
995	POP3S

É importante que você tenha em mente a relação entre estas portas e os serviços oferecidos por cada uma delas.

Quando uma máquina deseja abrir uma página de um site na Internet, ela abre uma conexão entre ela e o servidor que hospeda a página. A máquina então abre uma conexão em uma porta local, geralmente de número acima de 1024, e amarra essa porta local com o programa do navegador web, com a porta 80 (http/tcp) do servidor em questão. Então haverá, no momento da transferência do site, uma conexão entre uma porta local de uma máquina e a porta 80 de um servidor.

No servidor, o programa que serve páginas web (servidor web Apache, por exemplo), fica "escutando" a porta 80/tcp para aceitar novas conexões dos navegadores, porque convencionou-se que este serviço trabalhe sempre na porta 80 do lado do servidor e utilize o protocolo TCP para transferência de dados.

É certo que o arquivo /etc/services seja idêntico entre todos os Unix e Linux, pelo menos das portas entre 1 e 1024.

Tabelas de Rotas

Para que as redes se interliguem e formem a Internet, cada dispositivo que interliga as diferentes redes (conhecidos como gateways ou roteadores) é dotado de uma tabela de rotas. Essa tabela de rotas especifica qual rede é conectada em qual interface do roteador.

Uma situação especial desta tabela é a rota padrão. Esta rota padrão diz ao roteador qual será a interface para qual os pacotes deverão ir quando nenhuma ocorrência da tabela de rotas satisfaz o destino do pacote. Na tabela de rotas convencionou-se o endereço 0.0.0.0/0 como sendo da rota padrão. Na notação **CIDR 0.0.0.0/0** significa "todo o resto" ou "todas as outras redes".

Quando uma máquina transmite um pacote para outra máquina que não pertence à rede local, ele é entregue para o roteador da rede. O roteador consulta sua tabela de rotas para determinar de qual rede é o pacote. Se a rede à qual o pacote pertence não está na lista, o pacote é entregue na interface indicada na rota padrão, que muito provavelmente é um outro roteador ao qual o link está conectado.

Desta forma o pacote vai caminhando de roteador em roteador, até chegar na rede de destino e então é entregue ao destinatário. Cada roteador por que o pacote passa é chamado de salto ou hops. Convencionou-se na rede IPv4 que um máximo de 32 saltos atinja 99% de alcance.

Cada vez que um pacote passa por um salto, é incrementado um contador especial no pacote que conta quantos saltos ele já deu. Se um pacote não é entregue em até 32 saltos, ele pode ser descartado pelo próximo roteador que passar, de forma que não fique vagando eternamente na Internet.

IPv6

O número de endereços de rede IPv4 está acabando. Isto se deve principalmente porque a Internet como conhecemos atualmente não foi projetada para ser uma rede comercial, mas acadêmica.

O IPv6 é a versão nova do protocolo IP que vem com o propósito de trazer inúmeras melhorias à pilha de protocolo, bem como comportar mais endereços.

O IPv6 está sendo implantado gradativamente na Internet e deve funcionar lado a lado com o IPv4, numa situação tecnicamente chamada de "pilha dupla" por algum tempo. A longo prazo, o IPv6 tem como objetivo substituir o IPv4.

Veja as principais melhorias propostas pelo IPv6:

- Espaço de Endereçamento maior: Os endereços IPv6 têm um tamanho de 128 bits, contra os 32 bits do IPv4.
- Autoconfiguração de endereço: Suporte para atribuição automática de endereços numa rede IPv6, podendo ser omitido o servidor de DHCP a que estamos habituados no IPv4.
- Endereçamento hierárquico: Simplifica as tabelas de encaminhamento dos roteadores da rede, diminuindo assim a carga de processamento dos mesmos.
- Novo formato do cabeçalho: Totalmente remodelados em relação ao IPv4.
- Cabeçalhos de extensão: Opção para guardar informação adicional, principalmente para comportar Qualidade de Serviço.
- Suporte a qualidade diferenciada: Aplicações de áudio e vídeo passam a estabelecer conexões apropriadas tendo em conta as suas exigências em termos de qualidade de serviço (QoS).
- Capacidade de extensão: Permite adicionar novas especificações de forma simples.
- Encriptação: Diversas extensões no IPv6 permitem o suporte para opções de segurança como autenticação, integridade e confidencialidade dos dados.

O endereçamento no IPv6 é de 128 bits, e inclui prefixo de rede e sufixo de host. No entanto, não existem classes de endereços, como acontece no IPv4. Assim, a fronteira do prefixo e do sufixo pode ser em qualquer posição do endereço.

Um endereço padrão IPv6 deve ser formado por um campo provider ID, subscribe ID, subnet ID e node ID. Recomenda-se que o último campo tenha pelo menos 48 bits para que possa armazenar o endereço MAC.

Os endereços IPv6 são normalmente escritos como oito grupos de 4 dígitos hexadecimais. Por exemplo,

```
3ffe:6a88:85a3:08d3:1319:8a2e:0370:7344
```

Se um grupo de vários dígitos seguidos for 0000, pode ser omitido. Por exemplo:

```
3ffe:6a88:85a3:0000:0000:0000:0000:7344
```

É o mesmo endereço IPv6 que:

```
3ffe:6a88:85a3::7344
```

109.2 – Configuração de Rede

Várias distribuições oferecem ferramentas próprias para a configuração e carga dos recursos de rede. Entretanto alguns comandos, arquivos e conceitos são aplicáveis a todas elas. Neste tópico será abordada a configuração de uma rede TCP/IP em dispositivos ethernet.

O primeiro passo é conhecer os arquivos de configuração de rede comum a todas as distribuições.

/etc/hostname

Este arquivo contém o nome do sistema. Em algumas distribuições existe o arquivo /etc/HOSTNAME que é um link simbólico para o /etc/hostname.

```
$ cat /etc/hostname
linux.home.com.br
```

/etc/hosts

Este arquivo faz o mapeamento entre endereços IP e nomes de máquinas na rede e é utilizado para resolução de nomes durante o processo de boot enquanto nenhum servidor de DNS entrou em ação.

Antes de consultar um DNS, dependendo da configuração do arquivo /etc/host.conf, o arquivo /etc/hosts é consultado antes de consultar qualquer servidor de DNS. Se você quiser alterar a resolução de nomes de um determinado endereço para outro IP (por exemplo para testar algo em um servidor de desenvolvimento), pode alterar no arquivo /etc/hosts.

```
$ cat /etc/hosts
127.0.0.1       localhost
127.0.1.1       ubuntu
::1     ip6-localhost ip6-loopback
fe00::0 ip6-localnet
ff00::0 ip6-mcastprefix
ff02::1 ip6-allnodes
ff02::2 ip6-allrouters
```

```
10.211.55.50   centos
```

/etc/resolv.conf

Este arquivo especifica o endereço IP de um ou mais servidores de DNS para resolução de nomes.

```
$ cat /etc/resolv.conf
nameserver 192.168.1.1
nameserver 192.168.1.200
search certificacaolinux.com.br
```

Você pode especificar o endereço IP dos servidores de DNS que a máquina irá utilizar com a palavra nameserver seguida do endereço IP.

A chave search determina que uma busca por hosts pode ser passada sem a necessidade de se escrever o domínio inteiro.

/etc/host.conf

Este arquivo especifica a ordem de procura para a resolução de nomes. O sistema pode procurar os endereços IPs no arquivo /etc/hosts (hosts) e pelo serviço de DNS (bind). A opção multi on habilita mais de um IP para uma determinada máquina.

A opção order é que especifica se a máquina irá olhar primeiro no /etc/hosts e depois do DNS.

```
$ cat /etc/host.conf
order hosts, bind
multi on
```

/etc/nsswitch.conf

O Linux mantém um serviço chamado Name Server Switch, que é utilizado pelas bibliotecas de programação em GNU C para determinar quais são as fontes de informação para resolução de nomes e em qual ordem.

Ele contém apelidos (passwd, group, hosts, network, etc.) que na verdade são relacionados a funções na biblioteca de programação. Cada apelido pode estar relacionado a uma ou mais funções de programação.

Em seguida ao apelido, é destacado qual será a origem da resolução de nomes. Se mais de uma origem for especificada, a ordem determina a sequencia de resolução de nomes.

Por exemplo:

```
networks: files dns.
```

Isto diz ao sistema que as funções getnetent(), getnetbyname(), getnetbyaddr(), setnetent() e endnetent() irão consultar primeiro o arquivo /etc/hosts e depois o DNS.

Este arquivo é a evolução do /etc/host.conf e possibilita que a ordem de procura para resolução de nomes seja customizada para cada serviço ou conjunto de funções na biblioteca de programação GNU C. Ele é utilizado nas últimas distribuições por diversas bibliotecas ao invés do /etc/host.conf (não confunda com /etc/hosts).

```
$ cat /etc/nsswitch.conf
passwd:     compat
group:      compat
hosts:      files dns
networks:   files dns
services:   files
protocols:  files
rpc:        files
ethers:     files
netmasks:   files
netgroup:   files
publickey:  files
```

É importante que você esteja familiarizado com os arquivos de configuração /etc/hostname, /etc/hosts, /etc/hosts.conf, /etc/resolv.conf e /etc/nsswitch.conf. Estude muito bem a função de cada um e seu conteúdo.

Veja agora os principais comandos de configuração de rede.

ifup

Uso: # ifup interface

Este comando habilita uma interface.

Exemplo:

```
# ifup eth0
```

ifdown

Uso: # ifdown eth0

Este comando desabilita uma interface.

Exemplo:

```
# ifdown eth0
```

hostnamectl

O utilitário hostnamectl pode ser usado para consultar e alterar o nome do host do sistema e as configurações relacionadas.

Esta ferramenta distingue três nomes de host diferentes: o nome de host "bonito" de alto nível que pode incluir todos os tipos de caracteres especiais (por exemplo, "Laptop do Uirá"), o nome de host estático que é usado para inicializar o nome do host do kernel na inicialização (por exemplo, "uira-laptop"), e o hostname transiente que é um nome de backup recebido da configuração de rede.

Observe que o nome de host bonito tem poucas restrições sobre os caracteres e comprimento, enquanto os nomes de host estáticos e transitórios são limitados aos caracteres geralmente aceitos em nomes de domínio da Internet, e no máximo 64 caracteres (limitação do Linux).

O nome do host estático é armazenado em **/etc/hostname**.

O nome do host bonito, o tipo de chassi e o nome do ícone são armazenados em **/etc/machine-info**.

Veja o exemplo:

Se não for informado nenhum parâmetro, o comando hostnamectl vai mostrar o "status" do host.

```
$ hostnamectl
   Static hostname: ubuntu
         Icon name: computer-vm
           Chassis: vm
        Machine ID: de5040dbad4c124db4379433293750ce
           Boot ID: 029f1be008cb4fed8322e6d87fcae2ac
    Virtualization: kvm
  Operating System: Ubuntu 19.04
            Kernel: Linux 5.0.0-13-generic
      Architecture: x86-64
```

A opção **set-hostname NOME** pode ser usada para alterar o hostname para o NOME especificado. Por padrão, irá alterar tanto o hostname "bonito", quanto o transiente e o estático. Entretanto, pode-se usar as opções **--static**, **--transient** e **--pretty** para configurar um destes hostnames separadamente:

```
$ sudo hostnamectl set-hostname Notebook-do-Uira
```

```
$ hostnamectl status
   Static hostname: Notebook-do-Uira
         Icon name: computer-vm
           Chassis: vm
        Machine ID: de5040dbad4c124db4379433293750ce
           Boot ID: 029f1be008cb4fed8322e6d87fcae2ac
    Virtualization: kvm
  Operating System: Ubuntu 19.04
            Kernel: Linux 5.0.0-13-generic
      Architecture: x86-64
```

A opção **set-chassi TIPO** pode ser usada para definir o tipo de chassi em aplicações gráficas. O **TIPO** pode ser: "desktop", "laptop", "convertible", "server", "tablet", "handset", "watch", "embedded" e "vm".

O comando hostnamectl é capaz de alterar os arquivos **/etc/hostname** e **/etc/machine-info**.

Alterando as configurações de Rede com o Network Manager

O Network Manager é um gerenciador de redes que provê a detecção e configuração automática de redes para computadores. As suas funcionalidades são úteis para configurar redes sem fio e cabeadas. Nas redes sem fio, o Network Manager faz a gestão dos roteadores Wifi que já conhece, e possui a habilidade para trocar para a rede mais confiável sempre que disponível.

O Network Manager pode ser instalado com o pacote **networkmanager**, que contém um serviço, e um utilitário cliente de linha de comando chamado nmcli.

nmcli

Este utilitário pode ser utilizado para configurar redes cabeadas e sem fio do Linux, através do serviço do Network Manager.

Quando executado sem nenhum parâmetro, ele exibe as configurações de rede de forma bem completa, exibindo todas as interfaces de rede, tipo de conexão (wifi ou cabeada), endereços de rede IPv4 e IPv6, tabela de rotas e servidores de DNS:

```
$ nmcli
enp0s5: connected to Wired connection 1
"Red Hat Virtio"
ethernet (virtio_net), 00:1C:42:9A:79:77, hw, mtu 1500
ip4 default, ip6 default
inet4 10.211.55.63/24
```

```
route4 0.0.0.0/0
route4 10.211.55.0/24
route4 169.254.0.0/16
inet6 fdb2:2c26:f4e4:0:84ad:e164:108c:46ea/64
inet6 fdb2:2c26:f4e4:0:9d68:7860:3e7d:41a3/64
inet6 fe80::abfe:c9a1:d0aa:a394/64
route6 fe80::/64
route6 fdb2:2c26:f4e4::/64
route6 ::/0
route6 ff00::/8
lo: unmanaged
"lo"
loopback (unknown), 00:00:00:00:00:00, sw, mtu 65536
DNS configuration:
servers: 10.211.55.1
domains: localdomain
interface: enp0s5
servers: fe80::21c:42ff:fe00:18
interface: enp0s5
```

Para listar as redes wifi próximas:

```
$ nmcli device wifi list
```

Para se conectat à uma rede wifi, basta informar o **SSID** da rede (nome) e a senha do Wifi:

```
$ nmcli device wifi connect SSID password senha
```

Para desligar o wifi:

```
$ nmcli radio wifi off
```

Para alterar uma configuração, deve-se primeiro listar as conexoes com o parâmetro **connection**:

```
$ nmcli connection
NAME                UUID                                  TYPE
  DEVICE
Wired connection 1  b7603264-e0c6-30e6-9b06-a626a568f0b7
ethernet  enp0s5
```

Depois de identificar o nome da conexão, deve-se editar a configuração com o parâmetro "connection edit" seguido do nome da conexão:

```
$ nmcli connection edit "Wired connection 1"
===| nmcli interactive connection editor |===
Editing existing '802-3-ethernet' connection: 'Wired connection
1'
```

Assim, o nmcli trará um console interativo, onde será possível modificar os parâmetros.

Para alterar um parâmetro, deve-se usar o a sequencia "**configuração.propriedade valor**".

Exemplo:

```
set ipv4.dns 8.8.8.8
```

Uma configuração também pode ser alterada diretamente no prompt do shell, com o comando:

```
$ nmcli c modify "Wired connection 1" ipv4.dns "8.8.8.8"
```

É possível alterar uma infinidade de parâmetros com o nmcli. Veja a lista de parâmetros possíveis com o comando

```
$ nmcli c show "Wired connection 1"
```

Systemd-networkd

O systemd-networkd é um serviço do Systemd que também pode gerenciar as configurações de rede. Ele é capaz de detectar e configurar dispositivos de rede. Ele é especialmente desenhado para configurar ambientes de rede complexos, como de contêineres e máquinas virtuais. Seu escopo de utilização não é requerido na prova.

109.3 - Solução de problemas básicos de rede

Este tópico trata de resolução de problemas de rede, como configuração de interface, roteamento de pacotes, conectividade, verificar as portas abertas e depurar erros de configuração.

Há alguns anos o Linux utilizava um conjunto de ferramentas do pacote legado chamado

Net-Tools. Este pacote possui algumas ferramentas clássicas para diagnosticar os problemas de rede:

- **arp**: ferramenta capaz de lidar com o cachê local de endereçamentos IP x Mac Address;
- **ifconfig**: ferramenta para configurar as interfaces de rede;
- **netstat**: ferramenta para ver as estatísticas das interfaces e portas abertas;
- **route**: ferramenta para ver e editar a tabela de rotas;

Essas ferramentas foram substituídas elegantemente por um novo pacote chamado **iproute2**, através de um comando único chamado "**ip**".

ip

 # ip [opções] Objeto { comando }

Este comando é uma poderosa ferramenta para mostrar e manipular as interfaces de rede, configurar endereços IP, alterar as tabelas de rotas e criar túneis.

Com este comando é possível inserir ou alterar entradas na tabela de rotas, adicionar ou modificar a rota padrão e também configurar endereços de rede.

Este comando substituí os comandos do Net-Tools **ifconfig** e **route**.

Os objetos com que o comando **ip** pode trabalhar são: link, addr, addrlabel, route, rule, neigh, ntable, tunnel, tuntap, maddr, mroute, mrule, monitor, xfrm, netns, l2tp, tcp_metrics, token e netconf.

Para o exame é necessário saber como funcionam os objetos **addr** (que configuram o endereço IP), **link** (que habilita uma interface) e **route** (que modifica a tabela de rotas).

A primeira função do ip é mostrar o endereço IP das interfaces do host. Utiliza-se o comando **ip** seguido do objeto **addr**:

```
# ip addr
1: lo: <LOOPBACK,UP,LOWER_UP> mtu 65536
    link/loopback 00:00:00:00:00:00 brd 00:00:00:00:00:00
    inet 127.0.0.1/8 scope host lo
    inet6 ::1/128 scope host

2: enp0s25: <BROADCAST,MULTICAST,UP,LOWER_UP> mtu 1500
    link/ether 00:26:55:04:d3:95 brd ff:ff:ff:ff:ff:ff
```

```
    inet 172.19.1.34/20 brd 172.19.15.255 scope global enp0s25
    inet6 fe80::226:55ff:fe04:d395/64 scope link
```

O comando ip pode ser utilizado para designar um endereço IP ao host, utilizando o objeto **addr**, seguido da palavra **add**:

```
# ip addr add 192.168.50.5 dev eth1
```

Neste caso será atribuído o IP 192.168.50.5 à interface eth1. Você pode ou não informar o tamanho da rede na notação CIDR:

```
# ip addr add 192.168.50.5/24 dev eth1
```

A mesma ideia pode ser utilizada para apagar um endereço IP de uma determinada interface, com o objeto **addr** e o comando **del**:

```
# ip addr del 192.168.50.5/24 dev eth1
```

Para habilitar uma interface, utilizamos o objeto **link**, seguido da palavra **set**, o nome da interface e o comando **up**:

```
# ip link set eth1 up
```

Para desabilitar uma interface, o mesmo, mas com o comando **down**:

```
# ip link set eth1 down
```

Para verificar a tabela de rotas do host, você pode usar o objeto **route**:

```
# ip route
default via 172.19.1.1 dev enp0s25
172.19.0.0/20 dev enp0s25  proto kernel  scope link  src
172.19.1.34
```

Para adicionar uma rota estática na tabela de rotas, utiliza-se também o objeto **route**, seguido da palavra **add**, a rede que se deseja adicionar e a interface e gateway em que ela está conectada:

```
# ip route add 10.10.20.0/24 via 172.19.1.10 dev enp0s25
```

Neste exemplo, será adicionada a rede 10.10.20.0/24 cujo gateway será o endereço 172.19.1.10, que está conectado na interface enp0s25.

Ao listar novamente a tabela de rotas:

```
# ip route show
default via 172.19.1.1 dev enp0s25
10.10.20.0/24 via 172.19.1.10 dev enp0s25
172.19.0.0/20 dev enp0s25  proto kernel  scope link  src
172.19.1.34
```

O mesmo raciocínio vale para remover uma rota da tabela de rotas:

```
# ip route del 10.10.20.0/24
```

Ainda é possível adicionar uma rota padrão na tabela de rotas, utilizando o objeto **route**, seguido de **add** e a palavra **default**, seguido do endereço IP do gateway padrão:

```
# ip route add default via 192.168.50.100
```

As ferramentas ifconfig, route e netstat que fazem parte do pacote legado Net-Tools tem paralelo na ferramenta ip do iproute2, a seguir:

Net-Tools	Iproute2	Descrição
ifconfig -a	ip link show	Exibe todas as interfaces de rede
ifconfig eth1 up	ip link set up eth1	Habilita interface de rede
ifconfig eth1 down	ip link set down eth1	Desabilita interface de rede
ifconfig eth1 192.168.0.1/24	ip addr add 192.168.0.1/24 dev eth1	Defini IP/Mascára de rede
ifconfig eth1 0	ip addr del 192.168.0.1/24 dev eth1	Remove definição de IP/Mascára de rede
ifconfig eth1	ip addr show dev eth1	Mostra Informações específicas de uma interface
ifconfig eth1 hw ether 00:52:bc:33:25:a1	ip link set dev eth1 address 00:52:bc:33:25:a1	Altera o MAC-ADDRESS
route -n ou netstat -rn	ip route show	Exibe a tabela de roteamento
route add default gw 192.168.0.1	ip route add default via 192.168.0.1	Adiciona a rota padrão
route add -net 192.168.0.0/24 eth1	ip route add 192.168.0.0/24 dev eth1	Adiciona uma rota estática

Net-Tools	Iproute2	Descrição
route del -net 192.168.0.0/24	ip route del 192.168.0.0/24	Exclui uma rota estática
route del default	ip route del default	Exclui a rota padrão

Ferramentas de Diagnóstico

Faz parte do contexto do exame as ferramentas de diagnóstico de problemas de rede.

ping e ping6

ping ip

O comando ping utiliza o protocolo **ICMP** para enviar mensagens ECHO REQUEST e receber ECHO RESPONSE para testar a conexão entre o sistema e outra máquina na rede.

Ele retorna o tempo de resposta que um pacote de rede demora para ir e voltar. Muito útil para realizar o diagnóstico de uma conexão. O ping irá testar indefinidamente até que o Crtl-c seja pressionado.

O ping também possui uma versão para o IPv6, chamada de **ping6**. Seu funcionamento é similar ao ping do IPv4.

As opções mais frequentes são:

- **-c num**: Esta opção faz com que o ping teste a conexão um deteminado número de vezes.
- **-q**: Esta opção faz com que o ping somente apresente a estatística final do teste de conexão.

Exemplo:

```
$ ping 192.168.1.1
PING 192.168.1.1 (192.168.1.1) 56(84) bytes of data.
64 bytes from 192.168.1.1: icmp_seq=1 ttl=64 time=0.175 ms
64 bytes from 192.168.1.1: icmp_seq=2 ttl=64 time=0.120 ms
64 bytes from 192.168.1.1: icmp_seq=3 ttl=64 time=0.115 ms
– 192.168.1.1 ping statistics –
5 packets transmitted, 5 received, 0% packet loss, time 4000ms
rtt min/avg/max/mdev = 0.115/0.128/0.175/0.026 ms
```

O ping é muito utilizado para testar se uma máquina está conectada na rede local ou se ela é alcançável na rede remota. Para que o ping funcione corretamente, a rede em questão não deve ter nenhum filtro de ICMP, especialmente os tipos ECHO REQUEST e ECHO RESPONSE.

traceroute e traceroute6

 # traceroute [opções] ip

Este comando retorna os endereços das máquinas e outros dispositivos de rede por onde os pacotes passam para chegar a um determinado destino. Este caminho é conhecido como rota de endereços.

O traceroute também tem um executável próprio para operar no IPv6, chamado **traceroute6**.

O traceroute utiliza o tempo de vida (TTL - Time To Live) dos pacotes IP para forçar uma resposta do protocolo ICMP TIME EXCEEDED de cada dispositivo por onde o pacote passa para obter as informações necessárias.

O tempo de vida determina o número máximo de dispositivos que um pacote pode percorrer antes de ser apagado. Este parâmetro é necessário para que os pacotes não fiquem vagando na rede para sempre se o seu destinatário não for encontrado.

O TTL padrão são 30 hosts.

As opções mais frequentes são:

- -n: Esta opção desabilita a resolução de nomes;
- -w seg: Esta opção altera o valor padrão do tempo de espera de retorno do pacote ICMP de 5 segundos;
- -f ttl: Esta opção altera o valor padrão de tempo de vida inicial de um pacote;
- -m max: Altera o valor padrão do máximo de número de dispositivos que será testado pelo traceroute.

Exemplo:

```
$ traceroute www.kernel.org
traceroute to www.kernel.org (204.152.189.116), 30 hops max, 40
byte packets
 1  10.128.0.1  6.832 ms   8.702 ms   11.401 ms
 2  10.11.0.254  13.013 ms   6.261 ms   6.993 ms
 3  INF001010.enl-int.redeinfovias.net.br (200.150.1.10)  72.771
ms   71.875 ms   70.068 ms
(...)
13  r7-2.r8.pao1.isc.org (192.5.4.225)  236.927 ms   234.988 ms
 232.748 ms
14  r8-pao1.r3.sfo2.isc.org (192.5.4.233)  225.628 ms   214.758
ms   214.469 ms
15  zeus-pub.kernel.org (204.152.189.116)  216.677 ms   219.898
```

```
ms    221.776 ms
```

tracepath e tracepath6

$ tracepath ip

O tracepath traça um caminho entre o host e um endereço de rede e tenta descobrir qual é o MTU (Unidade Máxima de Transmissão). O tracepath é um bom substituto do traceroute.

Ele também tem um comando similar para o IPv6: **tracepath6**.

Exemplo:

```
$ tracepath www.kernel.org
 1:  ns1.certificacaolinux.com.br (72.26.225.74)  0.306ms pmtu
1500
 1:  72-26-224-1.meganetserve.net (72.26.224.1)       134.005ms
 2:  no reply
 3:  no reply
 4:  no reply
 5:  isc.sjc06.atlas.cogentco.com (154.54.13.218)       5.693ms
 6:  int-0-2-0.r1.pao1.isc.org (149.20.65.18)         asymm 4
5.010ms
 7:  pub2.kernel.org (204.152.191.37)                 asymm 5
3.635ms reached
     Resume: pmtu 1500 hops 7 back 5
```

Ele tenta achar o tempo médio de resposta de cada passo no caminho e retorna o MTU final, o número de hosts para os pacotes irem do host para o destino e tenta prever o número de hosts do destino até o host se a rota for assimétrica (houver mais de um caminho).

ss

$ ss [opções]

O comando **ss** é extremamente útil para investigar os sockets, fornecendo várias informações sobre a rede. Ele é a evolução do comando netstat do antigo Net-tools. É importante que se entenda que um socket pode ser uma conexão de rede, bem como um socket do tipo Unix, que é um arquivo especial que atua como "ponte de comunicação" entre dois programas.

Suas opções mais comuns são:

- **-a**: lista todos sockets;
- **-r**: resolve os endereços IPs e portas por nomes de serviços;
- **-n**: não resolve os endereços IPs e portas para serviços;
- **-l**: lista somente as portas abertas (LISTEN);
- **-e**: mostra informações detalhadas sobre o socket;
- **-m**: mostra a alocação de memória do socket;
- **-p**: mostra o processo dono do socket;
- **-i**: mostra estatísticas do TCP sobre o socket;
- **-K**: força o fechamento de um socket;
- **-s**: mostra as estatísticas da rede;
- **-t**: filtra somente os pacotes TCP;
- **-u**: filtra somente os pacotes UDP;
- **-4**: filtra somente os pacotes IPv4;
- **-6**: filtra somente os pacotes IPv6;

Algumas opções podem ser combinadas para formar um determinado resultado.

Exemplos:

Para ver as estatísticas da rede:

```
$ ss -s
Total: 1020
TCP:   25 (estab 2, closed 1, orphaned 0, timewait 1)
Transport Total     IP        IPv6
RAW       1         0         1
UDP       9         6         3
TCP       24        22        2
INET      34        28        6
FRAG      0         0         0
```

Para ver as portas TCP abertas (em LISTENING):

```
$ ss -lt
State     Recv-Q  Send-Q   Local Address:Port      Peer
Address:Port
LISTEN    0       128      127.0.0.53%lo:domain    0.0.0.0:*
LISTEN    0       128      0.0.0.0:ssh             0.0.0.0:*
LISTEN    0       128      [::]:ssh                [::]:*
```

Para mostrar as portas TCP e UDP abertas e os processos donos do sockets. Para mostrar os processos, o usuário precisa ser o administrador root:

```
# ss -ltpu
Netid State   Local Address
udp   UNCONN  127.0.0.1:323    users:(("chronyd",pid=20898,fd=5))
tcp   LISTEN  0.0.0.0:ssh      users:(("sshd",pid=9857,fd=3))
```

Mostra todas as conexões estabelecidas na porta (22) do ssh:

```
$ ss -o state established '( dport = :ssh or sport = :ssh )'
Netid   Recv-Q  Send-Q  Local Address:Port  Peer Address:Port

tcp       0       0     10.211.55.63:ssh    10.211.55.2:64749
timer:(keepalive,104min,0)
```

Esse comando é útil para diagnosticar os seguintes problemas:

- Verificar quais serviços de rede que estão em execução (-l)
- Verificar a quantidade de memória consumida por um socket (-m)
- Verificar os processos donos dos sockets (-p)
- Verificar as conexões estabelecidas (-o state established)
- Verificar o volume de dados trafegado em uma conexão TCP (-i)

netcat

$ netcat [opções] ip [porta]

O comando netcat ou nc é um utilitário utilizado para fazer "quase tudo" quando se trata dos protocolos TCP e UDP. Ele pode ser usado para abrir conexões TCP, enviar pacotes UDP, escutar qualquer porta TCP ou UDP e escanear as portas abertas de um host.

Ele pode ser útil para servir de proxy simples de TCP, escrever scripts simples de HTTP cliente e servidores, testar processos servidores de rede (daemons) e muitas outras funções.

Veja alguns exemplos de uso do netcat:

Para se conectar em algum host:porta utilizando o netcat, você deve fornecer o endereço do host e a porta. É útil para ver se um determinado servidor está respondendo:

```
$ nc google.com 80
get ../..
```

```
HTTP/1.0 400 Bad Request
Content-Type: text/html; charset=UTF-8
Content-Length: 1419
Date: Tue, 14 Apr 2015 02:11:11 GMT
Server: GFE/2.0
```

Para utilizar o netcat como um processo que escuta em determinada porta e enviar o resultado para um arquivo. É útil para saber o que uma aplicação cliente está mandando para um determinado servidor:

```
$ nc –l –p 6565 > /tmp/arquivo.tmp
```

O netcat pode até mesmo ser utilizado para escutar em uma determinada porta e jogar o resultado no terminal:

```
$ nc -l -vv 4343
```

O netcat pode ser utilizado para saber quais portas estão abertas em um determinado host. É útil para verificar se um determinado serviço deveria ou não estar escutando na rede:

```
$  nc  -vv  -w1 google.com 20-443
```

Essa ferramenta pode tanto se comportar como uma aplicação servidora ou cliente, de modo a testar os serviços oferecidos por um determinado servidor ou cliente.

hostname

 # hostname [nome_do_sistema]

Este comando mostra o nome local da máquina. Também pode ser utilizado para trocar o nome da máquina se um novo nome for fornecido como argumento.

Ele suporta a opção --fdqn (Fully Qualified Domain Name), que retorna o nome do sistema mais o domínio.

Exemplo:

```
# hostname
linux
```

```
# hostname --fdqn
```

```
linux.certificacaolinux.com.br
```

109.4 - Configurar o Cliente DNS

O DNS - Domain Name System é utilizado para resolução de nomes para endereços IP e vice-versa.

O exame determina que o candidato seja capaz de configurar o cliente de resolução de nomes e entendimento do processo e consulta à servidores DNS.

A implementação do serviço de resolução de nomes é feita pelo pacote BIND ou outros pacotes de servidor de DNS. Este pacote possui os arquivos necessários à configuração do DNS e o serviço chamado named.

O DNS é estruturado sobre dois pontos básicos, a organização da Internet em domínios e a distribuição dos servidores de nomes na rede em forma de hierarquia.

A organização da Internet em domínios evita a utilização de um mesmo nome por mais de um equipamento e descentraliza o cadastro de redes e equipamentos.

Os domínios podem ser hierarquizados por instituições e geograficamente.

A distribuição dos servidores DNS faz-se necessária uma vez que a centralização de uma única base de dados contendo as informações para a conversão dos nomes simbólicos em endereços IP seria inviável.

A própria Internet nasceu de um projeto chamado ARPANET, criado pelo Departamento de Defesa americano, que preconizava uma rede sem um backbone central e sem administração centralizada, tornando-a virtualmente indestrutível caso algum computador, ou pedaço da rede se tornasse inoperante.

Na internet existem diversos servidores raízes geograficamente espalhados e organizados através de sufixos. Por exemplo, os servidores raiz do sufixo **.br** ficam hospedados no **registro.br.** Os servidores raiz do registro.br precisam conhecer todos os servidores DNS que hospedam domínios terminados com .br.

Há 3 arquivos de configuração importantes para a resolução de nomes, já citados no livro:

- **/etc/nsswitch.conf**: Este arquivo possui uma linha com o comando "**hosts**" que determina a ordem de busca para resolução de nomes. A tag "files" determina que o /etc/hosts seja consultado e a tag "**dns**" determina que o arquivo /etc/resolv.conf seja consultado para determinar o IP do servidor de DNS.
- **/etc/resolv.conf**: Este arquivo possui uma linha com o comando nameserver que determina o IP do servidor de DNS;
- **/etc/hosts**: Este arquivo pode conter algumas resoluções de nomes em IPs de forma manual;

Ao acessar a Internet através de um navegador ou qualquer outro aplicativo de rede, o host Linux segue a seguinte sequência para identificar o endereço IP do nome de endereço de Internet desejado:

1. O Linux verifica o arquivo **/etc/nsswitch.conf** para saber a ordem de busca: se é em arquivo (**/etc/hosts**) ou por servidor de DNS (**/etc/resolv.conf**).
2. Se a ordem em /etc/nsswitch.conf for primeiro "**files**", o arquivo **/etc/hosts** é consultado para se tentar determinar a resolução do nome. Se a ocorrência for encontrada, o endereço IP será retornado. Caso não encontre, o host irá ler o endereço IP do servidor de DNS no arquivo **/etc/resolv.conf** e fará uma consulta ao servidor de DNS para tentar determinar o IP do endereço desejado. Se o servidor retornar um endereço IP, o nome será resolvido. Caso contrário, a aplicação receberá uma falha de resolução de nomes.
3. Se a ordem em /etc/nsswitch.conf for primeiro "**dns**", o arquivo /etc/resolv.conf é consultado para pegar o endereço IP do servidor de DNS e uma consulta será feita ao servidor de DNS para tentar determinar o IP do endereço desejado. Se o servidor de DNS encontrar o endereço, a aplicação receberá o IP desejado. Caso contrário, o host irá acessar o arquivo /etc/hosts para tentar determinar o IP do endereço desejado. Caso encontre, o IP será retornado. Em caso negativo a aplicação receberá uma falha de resolução de nomes.

Exemplo de configuração do /etc/nsswitch.conf

```
passwd:         files systemd
group:          files systemd
shadow:         files
gshadow:        files
hosts:          files dns
networks:       files
```

Exemplo de configuração básica do arquivo /etc/resolv.conf:

```
search meudominio.com.br
nameserver 10.25.12.1
nameserver 200.216.215.5
```

Exemplo de configuração básica do arquivo /etc/hosts:

```
127.0.0.1    localhost.localdomain           localhost
10.25.12.1   www.certificacaolinux.com.br    www
```

É importante que você entenda o funcionamento do processo de resolução de nomes, que os arquivos /etc/hosts, /etc/nsswitch.conf, /etc/resolv.conf regulam a configuração do cliente de DNS.

É importante saber que a ordem de resolução de nomes no arquivo /etc/nsswitch.conf afeta como a resolução de nomes se comportará. Assim que uma ocorrência de resolução de nomes é encontrada, seja no servidor de DNS ou localmente no arquivo /etc/hosts, o host se dá por satisfeito e não recorre a outro serviço.

Com isso, pode-se ter os seguintes casos de erro:

- Pode existir um endereço listado no /etc/hosts manualmente, que difere do endereço IP que os servidores de DNS resolvem. Isso pode fazer com que o host conecte em um servidor errado, ou mesmo não consiga conectar porque o endereço IP não existe;
- Um determinado servidor de DNS listado no /etc/resolv.conf não está ativo ou o host não consegue uma conexão com ele, impossibilitando a resolução de nomes;

Há 3 ferramentas que auxiliam no diagnóstico de resolução de nomes que são abordadas no exame:

host

$ host [opções] endereço

O comando host é utilizado para fazer buscar no serviço de resolução de nomes DNS.

Veja no exemplo que ele diz quais são os registros encontrados para o endereço www.certificacaolinux.com.br:

```
$ host www.certificacaolinux.com.br
www.certificacaolinux.com.br is an alias for
myload-1433566614.us-east-1.elb.amazonaws.com.
myload-1433566614.us-east-1.elb.amazonaws.com has address
23.23.152.168
myload-1433566614.us-east-1.elb.amazonaws.com has address
23.21.124.198
```

O comando ping também é capaz de resolver nomes e testar a conectividade entre o host e o endeço solicitado.

Se um endereço não existir, o host retornará um erro:

```
$ host esteendereconaoexiste.com
Host esteendereconaoexiste.com not found: 3(NXDOMAIN)
```

Também é possível fazer uma consulta a um determinado servidor de DNS:

```
$ host google.com 1.1.1.1
```

```
Using domain server:
Name: 1.1.1.1
Address: 1.1.1.1#53
Aliases:
google.com has address 172.217.162.110
google.com has IPv6 address 2800:3f0:4001:815::200e
```

Se o comando host demorar muito para responder e retornar o seguinte erro, é porque o endereço IP do servidor de DNS especificado em /etc/resolv.conf não está acessível:

```
$ host google.com
;; connection timed out; no servers could be reached
```

dig

$ dig endereço

O comando dig (domain information groper) é uma poderosa e flexível ferramenta para busca de informações em servidores de resolução de nomes. Ela é usualmente utilizada para diagnosticar problemas de configuração de servidores.

O endereço recebido como argumento pode ser um IP ou um nome de máquina.

Neste exemplo, o dig retorna o endereço IP correspondente ao site certificacaolinux.com.br, bem como qual servidor de DNS foi responsável (autoridade) para responder a consulta:

```
$  dig certificacaolinux.com.br
;; QUESTION SECTION:
;certificacaolinux.com.br.                    IN      A
;; ANSWER SECTION:
certificacaolinux.com.br. 86400 IN      A       192.168.1.5
;; AUTHORITY SECTION:
certificacaolinux.com.br. 86400 IN      NS      ns2.host.br.
certificacaolinux.com.br. 86400 IN      NS      ns.host.br.
```

O comando dig também pode ser utilizado para fazer perguntas por registros específicos no servidor de nomes. No exemplo abaixo ele irá retornar apenas os registros do tipo MX do domínio certificacaolinux.com.br:

```
$ dig MX certificacaolinux.com.br
;; QUESTION SECTION:
;certificacaolinux.com.br.    IN  MX
```

```
;; ANSWER SECTION:
certificacaolinux.com.br. 35  IN  MX  3 alt2.aspmx.l.google.com.
certificacaolinux.com.br. 35  IN  MX  10
web.certificacaolinux.com.br.
certificacaolinux.com.br. 35  IN  MX  1 aspmx.l.google.com.
certificacaolinux.com.br. 35  IN  MX  2 alt1.aspmx.l.google.com.
```

Systemd-resolved

O gerenciador de serviços Systemd também possui um módulo de resolução de nomes chamado systemd-resolved. Se trata de um serviço do sistema que fornece resolução de nomes de rede para aplicativos locais. Ele implementa um cachê e é capaz de validar endereços IP com DNS seguro.

Os aplicativos locais podem enviar solicitações de resolução de nomes de rede para o Systemd-resolved por meio de três interfaces:

- Através de uma interface de programação API totalmente nativa que possui funções de programação para resolução de nomes;
- Através de uma interface de programação da biblioteca de programação C++ glibc;
- Através de um servidor de DNS local que funciona como um cachê, que responde no endereço IP 127.0.0.53 na interface de loopback local;

Como se pode ver, muitas das ferramentas legadas do Linux que foram herdadas do Unix estão sendo substituídas por algum serviço do Systemd de maneira elegante e moderna.

"Nunca diga às pessoas como fazer as coisas. Diga-lhes o que deve ser feito e elas surpreenderão você com sua engenhosidade." -- George Patton

110 - Segurança

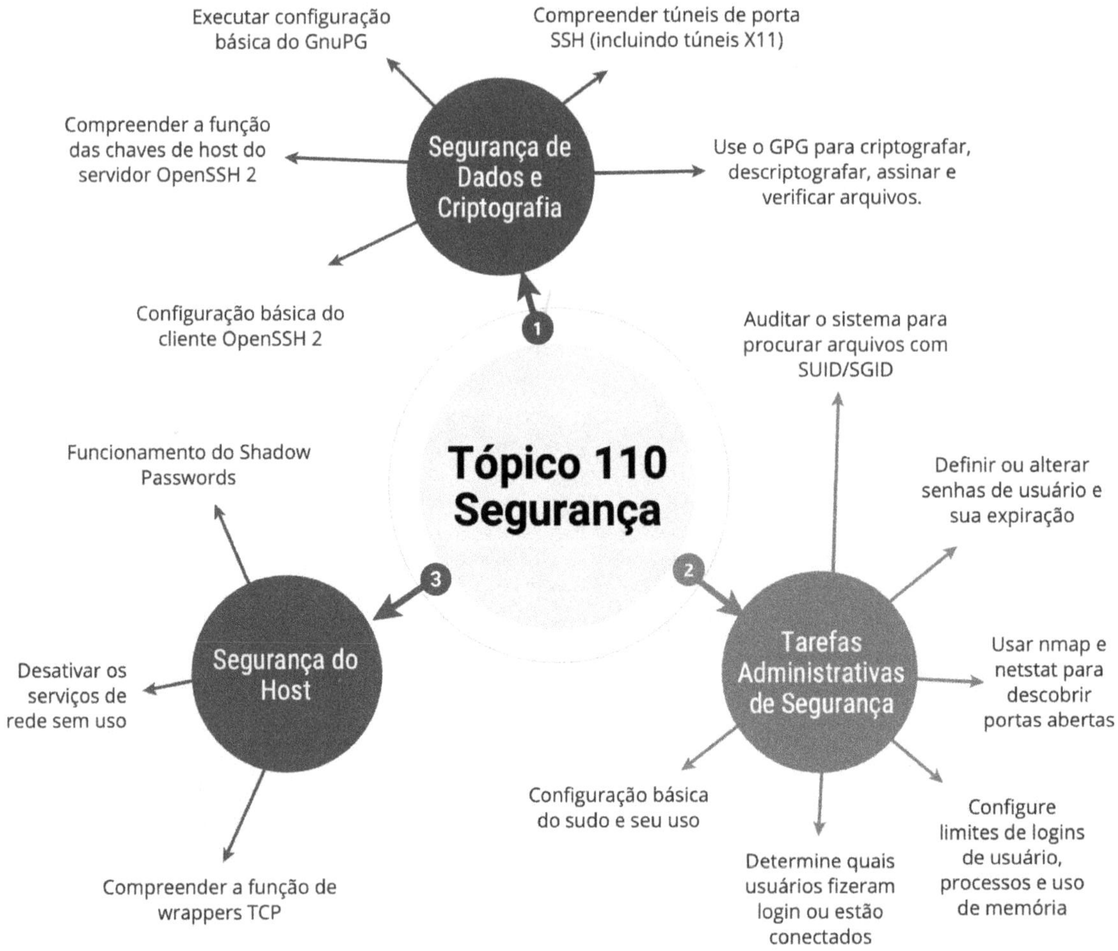

"Para isso não é preciso ter fé. É preciso ter imaginação. (...) Se fica claro nos seus pensamentos, está vindo na sua direção neste exato momento." -- Richard Bach.

A segurança de um sistema é essencial para o funcionamento correto dos aplicativos, confiabilidade e integridade dos dados. O exame cobre a segurança básica de um sistema Linux, definindo alguns cuidados que devem ser tomados e algumas técnicas preventivas. Também é cobrado no exame a criptografia de dados e assinatura de mensagens com o GnuPG.

110.1 - Executar tarefas de administração de segurança

Este tópico descreve algumas tarefas que devem ser seguidas como melhores práticas para a segurança de um sistema Linux, tais como: auditar o sistema para encontrar arquivos com o bit SUID/SGID habilitados, gerenciamento de senhas, procurar por portas e serviços abertos, limitar acesso das contas de usuário, determinar quem acessou ou está acessando o sistema e configurações básicas do sudo.

Procurando por Executáveis com SUID/SGID

A permissão de SUID / SGID permite que um programa seja executado com as permissões do usuário que é o proprietário do arquivo executável deste programa. Isto é especialmente útil se esse determinado programa precisa ser executado com uma determinada conta de usuário para que possa ter acesso aos recursos de que necessita.

Mas isto pode ser especialmente perigoso quando o dono do arquivo que estão com os bits SUID/SGID habilitados é o superusuário root. Isso dá ao programa em questão super poderes no sistema para fazer virtualmente qualquer coisa.

Desta forma, um cuidado especial deve ser tomado com os arquivos que utilizam os bits SUID/SGID habilitados. Faz parte das tarefas de um bom administrador varrer o sistema de arquivos em busca de programas que tem essas permissões especiais e minimizar ao máximo o seu uso para evitar brechas de segurança.

O comando find pode ser utilizado para varrer o sistema de arquivos em busca de arquivos com os bits SUID/SGID habilitados.

O ideal é rodar esse comando com privilégios de root, para que todo o sistema de arquivos possa ser auditado:

A opção "-perm" do find é capaz de encontrar arquivos com permissões específicas. Há duas maneiras de escrever as permissões:

- Utilizando a dotação numérica, onde a permissão SUID é descrita como 4000 e o SGID como 2000.
- Utilizando a dotação com letras, onde a permissão "-u+s" é usada para buscar SUID e "-g+s" para buscar SGID.

Exemplos:

Para encontrar os arquivos com o bit SUID habilitado:

```
# find / -perm /4000
```

Para encontrar os arquivos com o bit SGID habilitado:

```
# find / -perm /2000
```

Para encontrar os arquivos com AMBOS os bits SUID e SUIG habilitados, soma-se as permissões (4000+2000):

```
# find / -perm /6000
```

Para procurar por arquivos com SUID e SGID utilizando as letras das permissões, pode-se usar a empressão "**-or**" para fazer uma busca de arquivos com SUID **ou** com SGID:

```
# find / -perm -u+s -or -perm -g+s
```

Pode-se refinar a busca, excluindo os erros, enviando a saída de erros para /dev/null:

```
# find / -perm -u+s -or -perm -g+s 2>/dev/null
```

Se quiser refinar mais ainda, listando as permissões, pode-se combinar o comando "ls" com a opção "-exec":

```
# find / -perm -u+s -or -perm -g+s -exec ls -l {} \; 2>/dev/null
```

O seguinte shell script pode ser usado para buscar por arquivos que possuam o SUID e enviar e-mail para o administrador de rede:

```
#!/bin/bash
find / -path '/proc' -prune -or -perm -u+s -exec ls -l {} \;
```

```
2>/dev/null 1> /tmp/suid
mail root < /tmp/suid
```

Ele produzirá uma lista de arquivos que possuem este bit habilitado.

Gerenciamento de Senhas

O Linux suporta que as senhas dos usuários possam ter data de expiração.

Quando uma conta de usuário é criada com o comando useradd, o Linux verifica se há cadastrado uma data de expiração da senha no arquivo /etc/default/useradd, buscando a tag **EXPIRE**:

```
$ cat /etc/default/useradd
SHELL=/bin/sh
GROUP=100
HOME=/home
INACTIVE=-1
EXPIRE=
SKEL=/etc/skel
CREATE_MAIL_SPOOL=yes
```

Se houver um valor para esta variável, será configurado para a nova conta uma data de expiração da senha, forçando o usuário a troca-la dentro do prazo.

Mas, uma vez que as contas de usuário já estão criadas, o comando para visualizar e alterar as datas de expiração das senhas é o chage, já abordado no tópico de gerenciamento de contas de usuário.

Para alterar uma data de expiração de senha, pode-se usar a opção -M seguido do número de dias em que aquela senha é válida:

```
# chage -M 180 uiraribeiro
```

Para visualizar a expiração da senha de um usuário:

```
$ chage -l uiraribeiro
Last password change                                    : Apr 23,
2019
Password expires                                        : never
Password inactive                                       : never
Account expires                                         : never
```

```
Minimum number of days between password change      : 0
Maximum number of days between password change      : 99999
Number of days of warning before password expires   : 7
```

Um usuário pode alterar sua senha a qualquer momento com o comando passwd:

```
$ passwd
Current password:
New password:
```

Somente o root pode alterar a senha de outros usuários com o comando passwd seguido da conta do usuário:

```
# passwd carla
```

Determinando as Portas Abertas

Verificar quais portas de rede estão abertas, provendo algum tipo de serviço ou acesso no Linux é tarefa essencial do administrador.

Há três maneiras de fazer isso: uma mais simples com o comando netstat ou ss, outra verificando os sockets em aberto com o comando lsof e ainda utilizando a ferramenta nmap.

Verificando as portas em aberto com o netstat e ss:

netstat

$ netstat [opções]

Para verificar as portas em aberto com o netstat, as opções "-tunl" podem ser usadas **-t** para TCP, **-u** para UDP, **-n** para não resolver nomes e **-l** para as portas abertas (listen):

```
$ netstat -tunl
Active Internet connections (only servers)
Proto  Local Address    Foreign Address   State
tcp    127.0.0.53:53    0.0.0.0:*         LISTEN
tcp    0.0.0.0:22       0.0.0.0:*         LISTEN
tcp6   0 :::22            :::*            LISTEN
udp    127.0.0.53:53    0.0.0.0:*
```

O netstat com a opção -p mostra os processos donos das portas. Para utilizar essa opção é preciso ser o root:

```
$ sudo netstat -tunlp
Active Internet connections (only servers)
Proto  Local Address    Foreign Address    State   PID/Program
name
tcp    127.0.0.53:53    0.0.0.0:*          LISTEN  24813/systemd-
resol
tcp    0.0.0.0:22       0.0.0.0:*          LISTEN  9857/sshd

tcp6   :::22            :::*               LISTEN  9857/sshd

udp    127.0.0.53:53    0.0.0.0:*                  24813/systemd-
resol
```

lsof

$ lsof [opções]

Como tudo no Linux é um arquivo, também as conexões de rede podem ser visualizadas como um "arquivo em aberto". O comando "lsof" pode ser usado neste contexto para ver os arquivos que correspondem a endereços de Internet.

A opção "-i" do lsof filtra os arquivos em aberto do tipo de enderecos de Internet. É necessário executar o lsof como root:

```
$ sudo lsof -i
COMMAND    PID             USER   FD  TYPE  NODE NAME
sshd      9857             root    3u IPv4  TCP *:ssh (LISTEN)
sshd      9857             root    4u IPv6  TCP *:ssh (LISTEN)
systemd-r 24813 systemd-resolve   12u IPv4  UDP
localhost:domain
systemd-r 24813 systemd-resolve   13u IPv4  TCP localhost:domain
(LISTEN)
```

fuser

 # fuser [opções]

O comando "fuser" também pode ser usado para mostrar informações sobre uma determinada porta em aberto. Ele identifica os processos através dos arquivos ou sockets, retornando o PID dos processos:

```
$ sudo fuser 22/tcp
22/tcp:              9857 24313 24400
```

Para saber qual processo está usando determinado arquivo:

```
$ fuser -v /bin/bash
                     USER      PID ACCESS COMMAND
/usr/bin/bash:       ec2-user  16092 ...e. bash
```

Os comandos netstat, ss, lsof e fuser servem para ver as portas em aberto da máquina local. Mas existe uma ferramenta chamada nmap que pode também descobrir as portas em aberto tanto da máquina local, quanto de máquinas remotas:

nmap

$ nmap [opções] alvo

O nmap é uma ferramenta poderosa para descobrir as portas abertas em hosts locais ou remotos. Ele pode ser instalado com qualquer gerenciador de pacotes. Ao contrário das ferramentas netstat, ss e lsof que verificam os sockets ou arquivos em aberto, o nmap faz uma busca por portas em aberto pelo método "tentativa e erro", tentando se conectar nas portas conhecidas, e se encontra uma aberta, ele verifica qual o tipo de serviço a porta serve.

Exemplos:

Para verificar as portas abertas de 1 até 1000:

```
$ nmap localhost
Starting Nmap 7.70 ( https://nmap.org ) at 2019-10-23 06:01 -03
Nmap scan report for localhost (127.0.0.1)
Host is up (0.000098s latency).
Not shown: 999 closed ports
PORT    STATE SERVICE
22/tcp  open  ssh
Nmap done: 1 IP address (1 host up) scanned in 0.05 seconds
```

Um pequeno script pode ser escrito para comparar as portas em aberto em relação a um arquivo prévio:

Primeiro deve-se criar o arquivo prévio para servir de comparação no futuro:

```
$ nmap localhost | grep open > original
```

O script abaixo executa o nmap, e compara o resultado com o arquivo "original". Se houver diferença, um e-mail será enviado:

```
#!/bin/bash
nmap localhost | grep open > atual
diff original atual
if [ $? -eq 0 ]; then
echo "nada mudou"
else
mail uira@certificacaolinux.com.br < atual
fi
```

Limitando as contas de usuário

Outra tarefa importante de administração do sistema no quesito segurança é limitar as contas de usuário, delimitando a forma de login, quantidade de memória, tamanho dos arquivos, limites entre os processos, dentre outros.

O primeiro utilitário para delimitar o uso dos recursos do sistema é o ulimit.

ulimit

$ ulimit [opções] recurso

O utilitário ulimit configura ou mostra as configurações sobre o uso dos recursos no sistema, como tamanho dos arquivos que podem ser salvos pelo shell ou por processos filhos.

Os recursos que podem ser limitados são: tamanho do segmento de dados (heap) dos processos, tamanho máximo dos arquivos, tamanho descritor de arquivos, tamanho da pilha (stack) dos processos, tempo máximo de CPU e tamanho da memória virtual.

É importante saber que o ulimit somente limita os recursos do processo corrente do shell ou dos seus processos filhos.

Se nenhum valor de limite for indicado na linha de comando, o ulimit irá mostrar os limites já configurados.

```
$ ulimit
unlimited
```

Tipos de Limite

Os limites no BASH podem ser de dois tipos: leves (soft-limits) e físicos (hard-limits).

O primeiro tipo de limite funciona como uma área de aviso e o segundo realmente impõe o uso máximo do recurso. A opção "-H" informa que o limite é físico e a opção "-S" para leve. Se nenhuma destas opções for especificada, ambos os limites serão configurados com o mesmo valor.

Qualquer usuário poderá configurar um limite leve abaixo do limite físico pré-estabelecido, como qualquer usuário poderá diminuir um limite físico. Somente o super-usuário pode aumentar um limite físico.

Suas opções mais comuns são:

- **-a**: Mostra os limites correntes;
- **-c**: Máximo de tamanho do arquivo de dump (em blocos de 512-byte);
- **-d**: Máximo do segmento de dados do processo ou heap (kbytes);
- **-f**: Máximo do tamanho de um arquivo (em blocos de 512-byte);
- **-n**: Máximo de descritores de arquivos;
- **-s**: Máximo da pilha dos processos ou stack (kbytes);
- **-t**: Máximo de tempo de CPU (em segundos para cada processo);
- **-v**: Máximo de memória virtual (kbytes).

Veja os exemplos abaixo:

Para limitar a pilha dos processos em 512 kbytes:

```
$ ulimit -s 512
```

A opção "-a" mostra todos os limites:

```
$ ulimit -a
core file size          (blocks, -c) 0
data seg size           (kbytes, -d) unlimited
scheduling priority             (-e) 0
file size               (blocks, -f) unlimited
pending signals                 (-i) 7753
max locked memory       (kbytes, -l) 65536
max memory size         (kbytes, -m) unlimited
open files                      (-n) 1024
pipe size            (512 bytes, -p) 8
```

```
POSIX message queues     (bytes, -q) 819200
real-time priority               (-r) 0
stack size              (kbytes, -s) 512
cpu time               (seconds, -t) unlimited
max user processes               (-u) 7753
virtual memory          (kbytes, -v) unlimited
file locks                       (-x) unlimited
```

Para limitar o número de descritores de arquivos:

```
$ ulimit -n 12
```

A opção -m pode limitar o máximo de memória que pode ser utilizada em kbytes:

```
$ ulimit –m 2000
```

A opção -v pode limitar o máximo de memória virtual (incluindo o swap):

```
$ ulimit –v 50000
```

A opção -n pode limitar o número de arquivos que podem ser abertos por programas executados pelo usuário:

```
$ ulimit –n 1024
```

A opção -u pode limitar o número de processos que podem ser executados pelo usuário:

```
$ ulimit –u 400
```

As opções -n (número de arquivos abertos) e -u (número de processos) são úteis em servidores, de forma a se evitar que um determinado programa tome todos os recursos do servidor. Isto é especialmente útil por exemplo em servidores Web, que podem sofrer ataques de Denial Of Service.

Os limites configurados são perdidos depois que a sessão do usuário é fechada. O arquivo **/etc/security/limits.conf** define os limites para os usuários de forma permanente no sistema.

O próximo comando para limitar as contas de usuário é o usermod, que modifica as informações e indica data de expiração.

Identificando Qual Usuário Está Conectado ou Última Conexão

O utilitário last, fornece as últimas conexões efetuadas no sistema e por qual usuário:

```
$ last
ec2-user pts/0        ip-10-8-0-6.ec2. Tue Apr 14 10:21   still
logged in
ec2-user pts/0        ip-10-8-0-6.ec2. Mon Apr 13 23:26 - 00:10
(00:43)
ec2-user pts/5        ip-10-8-0-6.ec2. Sun Apr 12 15:52 - 01:50
(09:57)
ec2-user pts/0        ip-10-8-0-6.ec2. Sun Apr 12 15:51 - 01:50
(09:59)
```

who

$ who

O utilitário who pode ser utilizado para mostrar quais são os usuários logados no sistema:

```
$ who
ec2-user pts/0        2015-04-14 10:21 (ip-10-8-0-6.ec2.internal)
```

w

$ w

O utilitário w também fornece uma lista de quais usuários estão conectados, mas com outros detalhes:

```
$ w
 12:10:53 up 218 days, 22:52,  1 user,  load average: 0,00, 0,01,
0,05
USER     TTY      FROM             LOGIN@   IDLE   JCPU   PCPU
WHAT
```

```
ec2-user pts/0    ip-10-8-0-6.ec2. 10:21    5.00s  0.45s  0.00s w
```

O comando "w" exibe qual o comando ou programa os usuários estão executando no momento, bem como a média de uso de CPU em 1, 5 e 15 minutos.

Executando Programas com a Permissão de Outro Usuário

O Linux permite que você execute algum programa com a permissão de outro usuário através do utilitário **sudo** ou assuma outra conta de usuário como se estivesse logado com ela com o comando **su**.

sudo

$ sudo [opções] comando

O comando sudo executa um determinado comando como se fosse outro usuário.

Caso o usuário que executou o sudo seja um usuário comum, ele deverá saber a senha do usuário que deseja executar o comando.

Caso o usuário que executou o sudo seja o root, o sudo não irá perguntar a senha de nenhum usuário, já que o root tem superpoderes

Exemplo:

```
# sudo -u uira /bin/mail uiraribeiro@terra.com.br
Subject: teste
Estou mandando uma mensagem como se eu fosse o prof. Uirá
.
EOT
```

Neste exemplo, o usuário root está mandando um e-mail como se fosse o usuário "uira".

Observe que, se outro usuário tentar fazer o sudo executar um programa com as permissões de outro usuário, o sudo irá solicitar a senha do usuário:

```
uira@linux-7rxb:~> sudo -u carla /bin/mail
carla's password:
```

Neste exemplo, o usuário "uira" está tentando enviar um e-mail como se fosse o usuário "carla"

O sudo é útil quando você deseja que algum processo execute com um usuário específico, de forma que as permissões de arquivos estejam corretas para o perfeito funcionamento.

O sudo possui um arquivo de configuração chamado "**sudoers**" que reside no "/etc". Este arquivo define quem pode executar o quê. Somente o root pode ler e editar o /etc/sudoers, uma vez que qualquer alteração neste arquivo dá permissões especiais para um usuário executar comandos como se fosse outra pessoa.

Este arquivo define qual usuário tem permissão de executar o que, e até mesmo se uma autenticação é necessária:

```
# cat /etc/sudoers
Defaults  env_reset
Defaults        mail_badpass
Defaults
secure_path="/usr/local/sbin:/usr/local/bin:/usr/sbin:/usr/bin:/s
bin:/bin:/snap/bin"
# User privilege specification
root        ALL=(ALL:ALL) ALL
# Members of the admin group may gain root privileges
%admin ALL=(ALL) ALL
# Allow members of group sudo to execute any command
%sudo       ALL=(ALL:ALL) ALL
```

Observe que este arquivo é que da super poderes ao root de executar tudo com a linha "root ALL=(ALL:ALL) ALL".

Ele também costuma trabalhar com grupos de acesso. Observe que os usuários membros do grupo "admin" podem executar qualquer coisa como qualquer usuário, inclusive se tornar o root, e os membros do grupo "sudo" podem executar qualquer comando. Se um usuário não faz parte destes grupos, ele não pode executar o comando sudo. Algumas distribuições usam outros grupos como "wheel", etc.

Preferencialmente, o comando **visudo** deve ser executado pelo root para alterar o arquivo /etc/sudoers.

su

$ su [opções] [-] [usuário]

O comando **su** executa o shell como se fosse outro usuário.

Exemplo:

```
uira@linux-7rxb:~> su -
```

```
Password:
```

Neste exemplo, o usuário "uira" solicita que o Shell seja executado como o usuário "root". Desta forma, o usuário "uira" irá ganhar todas as permissões da conta de superusuário no sistema.

O sinal "-" faz com que os scripts de carga do shell da conta "root" sejam lidos, como se o próprio "root" logasse no sistema.

Você também pode especificar um usuário para executar o shell como se fosse ele:

```
# su uira -
```

Neste exemplo, o usuário root irá executar o shell como se fosse o usuário "uira".

Em sistemas mais seguros, o usuário "root" nunca tem autorização de entrar diretamente no sistema. Desta forma, os usuários devem logar com suas contas de acesso e, se precisarem, deverão executar comandos de superusuário utilizando o "sudo" ou fazendo acesso à conta de root com o "su".

Para entrar como root, você pode usar o comando:

```
$ su root -
```

Neste caso, você precisa saber a senha do usuário root.

Por este motivo, é comum quando um usuário quer ganhar privilégios do root, utiliza-se o comando:

```
$ sudo su -
```

Desta forma, se o seu usuário estiver no grupo que tem permissões para executar o sudo no arquivo /etc/sudoers, você só precisa autenticar novamente com a sua própria senha, e não a senha do usuário root. Essa autenticação é só para confirmar que você é você mesmo. Dependendo da configuração, nem mesmo essa autenticação é necessária.

110.2 - Configurar a Segurança do Host

Este tópico trata de relembrar como funciona o uso das senhas criptografadas no arquivo de shadow, bem como listar e desabilitar os serviços de rede que não são utilizados e ainda entender o funcionamento dos TCP Wrappers.

Shadow Passwords

A gerencia de contas de usuário e senhas já foi bem discutida no tópico de gerenciamento de contas de usuário, bem como o uso do arquivo /etc/shadow como base de dados de senhas criptografadas.

Só relembrando que as senhas dos usuários foram movidas do /etc/passwd para o /etc/shadow.

No lugar do campo senha no arquivo /etc/passwd ficou um asterisco "*".

O arquivo /etc/shadow é acessível somente pelos processos que cuidam do login de usuários e ao super-usuário root.

O /etc/shadow também é responsável por manter informações de expiração da senha de cada usuário.

Para acessar e alterar as informações de expiração de senha, deve-se usar o comando chage.

Para alterar a senha, usa-se o comando passwd. Somente o root é capaz de alterar as senhas de outros usuários.

Desabilitando serviços não necessários

Uma importante tarefa do administrador é desabilitar os serviços desnecessários, especialmente serviços de rede.

O primeiro passo, é verificar quais serviços estão em execução com o comando:

```
$ systemctl status
```

Esse comando exibe uma lista de todos os serviços em execução.

Pode-se ainda listar as portas abertas e seus respectivos processos com os comandos netstat ou ss:

```
# netstat -tunlp
```

ou

```
# ss -tunlp
```

Para desligar os serviços desnecessários, usa-se o comando:

```
# systemctl stop nomedoservico
```

E para desabilitar no processo de carga do sistema:

```
# systemctl disable nomedoservico
```

Se a distribuição ainda usa o System V Init Daemon, os serviços em execução podem ser vistos com o comando:

```
$ service --status-all
```

Ou com o comando:

```
$ chkconfig --list
```

Para parar os serviços, o comando pode ser utilizado:

```
# service nomedoservido stop
```

E para desabilitar:

```
# chkconfig nomedoservico off
```

Super Servidores

Um "super-servidor" ou às vezes chamado de "despachante de serviço" é um programa especial que servia como um "porteiro" para que outros pudessem entregar serviços de rede de forma segura.

Tradicionalmente há muitos e muitos anos, os serviços de telnet, ftp, hora utilizavam um super-servidor chamado inetd para executar de forma segura. Então esse serviço chamado inetd era responsável por atender a solicitação de rede, e repassar a conexão ao executável apropriado, como o telnet ou ftp.

Depois de alguns anos, o super-servidor inetd evoluiu para oferecer mais funcionalidades, e um novo pacote de software foi criado com o nome de xinet (eXtended inetd).

Esse novo super-servidor facilitou a configuração destes serviços de rede.

/etc/xinetd.conf

O principal arquivo de configuração do xinetd é o /etc/xinetd.conf. Este arquivo pode conter configurações gerais, e faz um apontamento para o diretório /etc/xinetd.d.

/etc/xinetd.d

Este diretório contém arquivos separados para cada serviço que o xinetd provê como padrão:

```
$ ls -l /etc/xinetd.d
-rw-r--r--   1 root root   640 Feb  5  2018 chargen
-rw-r--r--   1 root root   313 Feb  5  2018 chargen-udp
-rw-r--r--   1 root root   502 Feb  5  2018 daytime
-rw-r--r--   1 root root   313 Feb  5  2018 daytime-udp
-rw-r--r--   1 root root   391 Feb  5  2018 discard
-rw-r--r--   1 root root   312 Feb  5  2018 discard-udp
-rw-r--r--   1 root root   422 Feb  5  2018 echo
-rw-r--r--   1 root root   304 Feb  5  2018 echo-udp
-rw-r--r--   1 root root   312 Feb  5  2018 telnet
-rw-r--r--   1 root root   314 Feb  5  2018 services
-rw-r--r--   1 root root   569 Feb  5  2018 time
-rw-r--r--   1 root root   313 Feb  5  2018 time-udp
```

Por exemplo o arquivo de configuração do telnet:

```
service telnet
{
        disable          = no
        flags            = REUSE
        socket_type      = stream
        wait             = no
        user             = root
        server           = /usr/sbin/in.telnetd
        log_on_failure  += USERID
        no_access        = 10.0.1.0/24
        log_on_success  += PID HOST EXIT
        access_times     = 09:45-16:15
}
```

Para desabilitar um serviço do xinet, pode-se:

- Apagar a configuração do serviço do /etc/xinetd.d;
- Trocar a configuração da variável disable para "yes". Depois disso, reiniciar o serviço de xinetd;

Já faz algum tempo que as distribuições não usam mais os "super servidores" **inetd** e **xinetd** para prover serviços de rede, uma vez que os serviços também nem são mais utilizados, como telnet, ftp e outros, por serem serviços sem criptografia. Muito possivelmente, o pacote xinetd nem estará instalado como padrão, e é melhor assim.

Uso de Tcpwrappers

O tcpwrapper funciona como um porteiro que executa antes do serviço desejado no xinetd.

Assim, era possível limitar quais os endereços de rede clientes que podiam acessar determinado serviço.

O tcpwrapper consulta os arquivos /etc/hosts.allow e /etc/hosts.deny para saber quais endereços IP podem acessar qual serviço.

hosts.allow e hosts.deny

Os arquivos /etc/hosts.allow e /etc/hosts.deny são utilizados para definir regras de acesso aos serviços oferecidos pelo superdaemon inetd.

O primeiro passo importante é desativar os serviços que não são necessários para o funcionamento do sistema. Se não há necessidade de execução de nenhum serviço fornecido pelo xinetd, ele deve ser desabilitado.

Se o uso destes serviços for inevitável, não utilize servidores de acesso remoto que transmitem dados sem criptografia, como o telnet, rlogin, e rsh. Prefira utilizar o shell seguro OpenSSH.

Quando uma conexão é estabelecida, o tcpwrapper lê primeiro o conteúdo do arquivo /etc/hosts.allow. Se existir uma regra para esta conexão ele não checa o arquivo hosts.deny.

```
$ cat /etc/hosts.allow
telnet: 10.10.100.1
```

Se nenhuma regra for encontrada no hosts.allow, ele lê o /etc/hosts.deny à procura de uma regra. Se for encontrada, ele termina a conexão. Se não for encontrada, ele libera o acesso.

Para contornar este tipo de situação, a regra "**ALL:ALL**" pode ser colocada no arquivo /etc/hosts.deny para que somente as conexões explicitamente definidas pelas regras em hosts.allow sejam aceitas.

É muito provável que este tópico seja descontinuado ou atualizado em futuras versões do exame.

110.3 - Segurança de Dados com Criptografia

OpenSSH 2

O pacote OpenSSH oferece serviço de acesso remoto a computadores com o Linux de forma segura com conexão criptografada ponta a ponta.

Ele utiliza o protocolo ssh (secure shell) para permitir a transferência de arquivos e shell seguro.

Ele foi criado para substituir os servidores de conexão que trafegam dados sem criptografia como o telnet, rsh e rlogin. A versão de código aberto gratuito pode ser obtida no site http://www.openssh.org ou no instalada diretamente como pacote na maioria das distribuições.

O OpenSSH conta com portabilidade para diversos sistemas como Linux, Solaris, FreeBSD, NetBSD, AIX, IRIX, HP-UX e OpenBSD.

A instalação do OpenSSH é simples e pode ser feita através de pacotes com o apt-get no Debian ou yum no Redhat.

A criptografia do OpenSSH utiliza o conceito de par de chaves públicas e privadas.

Par de Chaves de Criptografia

O par de chaves são sequencia de bits que muito longas que são criadas por um algoritmo específico. Desta forma, o que é criptografado com uma chave, só pode ser descriptografado pelo seu par.

Quanto maior o tamanho da chave em bits, melhor a criptografia, e com isso, mais tempo será necessário para "quebrar" a criptografia na força bruta.

Desta forma, para que aja uma comunicação criptografada utilizando par de chaves, é necessário que os dois mensageiros troquem as suas chaves públicas entre sí.

Quando o mensageiro A quer mandar uma mensagem para o mensageiro B, ele critografa a mensagem com a chave pública do mensageiro B. Desta forma, somente o mensageiro B que possui a chave privada é capaz de descriptografar a mensagem. E quando o mensageiro B quer mandar uma mensagem para o mensageiro A, o mesmo processo ocorre: os dados são critografados com a chave pública de A, de forma que somente o mensageiro A possui a chave privada para descriptografar a mensagem.

As chaves privadas devem ser guardadas com todo zelo possível.

Algoritmos de Criptografia

OpenSSH suporta vários algoritmos de assinatura para chaves de autenticação que podem ser divididos em dois grupos, dependendo das propriedades matemáticas que exploram:

- DSA e RSA, que dependem da dificuldade prática de fatorar o produto de dois grandes números primos;
- ECDSA e Ed25519, que dependem do problema do logaritmo discreto da curva elíptica.

Algoritmos de criptografia de curva elíptica (ECC) são uma adição mais recente aos sistemas de criptografia de chave pública. Uma de suas principais vantagens é a capacidade de fornecer o mesmo nível de segurança com chaves menores, o que torna operações menos computacionalmente intensivas (ou seja, criação de chaves mais rápidas, criptografia e descriptografia também.

Configuração do cliente OpenSSH 2

Para cada usuário, o ssh também cria os seus pares de chaves, que residem no subdiretório

".ssh" do diretório HOME do usuário. A qualquer momento, o usuário pode criar seus pares de chave com o comando ssh-keygen:

```
$ ssh-keygen
Generating public/private rsa key pair.
Enter file in which to save the key
(/home/uiraribeiro/.ssh/id_rsa):
Enter passphrase (empty for no passphrase):
Your identification has been saved in
/home/uiraribeiro/.ssh/id_rsa.
Your public key has been saved in
/home/uiraribeiro/.ssh/id_rsa.pub.
The key fingerprint is:
SHA256:7p177xnRUY0HDcrdUbDCQg uiraribeiro@Notebook-do-Uira
The key's randomart image is:
+---[RSA 2048]----+
|    E==o=+=o ..  |
|      =+ =o.=.oo|
|       = +o oo   |
+----[SHA256]-----+
```

O ssh-keygen pode criar os seguintes pares de chaves com diferentes algoritmos de criptografia:

- Chave privada DSA: ~/.ssh/id_dsa (DSA);
- Chave pública DSA: ~/.ssh/id_dsa.pub (DSA);
- Chave privada ECDSA: ~/.ssh/id_ecdsa (ECDSA);
- Chave pública ECDSA: ~/.ssh/id_ecdsa.pub (ECDSA);
- Chave privada Ed25519: ~/.ssh/id_ed25519 (Ed25519);
- Chave pública Ed25519: ~/.ssh/id_ed25519.pub (Ed25519);
- Chave privada RSA: ~/.ssh/id_rsa (RSA);
- Chave pública RSA: ~/.ssh/id_rsa.pub (RSA)

Autenticação sem senha

O usuário pode se desejar copiar sua chave pública para o diretório HOME do usuário que usa para conectar em na máquina remota no arquivo **~/.ssh/authorized_keys.** Assim, ele não necessitará mais de fornecer a senha para uma conexão remota com o esse determinado host e usuário.

/etc/ssh_config

O cliente ssh mantém um arquivo **/etc/ssh/ssh_config** para as configurações do cliente SSH. Dentre elas destacam-se:

```
Protocol           2   # permite que somente o SSH2 seja usado
Port               22  # altera a porta padrão do SSH de 22
para outra
ForwardX11Trusted  no  # não permite login remote via X11
```

Conexão Remota usando o SSH

Quando uma conexão a um servidor SSH é feita, há uma troca de chaves públicas entre o cliente ssh e o servidor sshd.

Então quando o servidor deseja enviar algo para o cliente, ele utiliza a chave pública do cliente para criptografar os dados para ele. Somente a chave privada do cliente é capaz de descriptografar aquilo que foi criptografado com a sua chave pública.

O mesmo acontece quando o cliente quer enviar algo para o servidor. Ele utiliza a chave pública do servidor para criptografar algo para ele. Desta forma somente a chave privada do servidor é capaz de ler o seu conteúdo.

Para se conectar em um host usando o ssh, o comando segue o padrão:

```
$ ssh nomedousuario@enderecodohost
```

E para fazer conexão com protocolo X11, usa-se a opção "-X" ou "-Y":

```
$ ssh -X uiraribeiro@server.certificacaolinux.com.br
```

O ssh troca automaticamente as chaves publicas do usuário local com as chaves do usuário remoto, de forma transparente.

ssh_know_hosts

O arquivo **/etc/ssh/ssh_known_hosts** ou **~/.ssh/known_hosts** é consultado quando o método de acesso utilizado é baseado na autenticação RSA. Este arquivo contém as chaves públicas de uma máquina para que a conexão seja bem-sucedida.

Assim que uma conexão é estabelecida pela primeira vez, o ssh grava um hash do servidor no arquivo **~/.ssh/know_hosts**. Nas próximas conexões esse hash é comparado com o recebido pelo servidor e do arquivo know_hosts.

Se por algum motivo o servidor for alterado, a comparação irá falhar, o SSH não irá conectar e vai emitir um alerta, dizendo que o servidor é possivelmente outra máquina e não aquela conhecida.

Quando há a necessidade de troca do servidor, o cliente ssh deve remover a linha correspondente ao servidor no arquivo **~/.ssh/know_hosts**.

OpenSSH Server

O serviço que provê conexão remota usando o SSH do pacote OpenSSH é o sshd. Este serviço é executado geralmente através do gerenciador de serviços Systemd.

No momento da instalação do OpenSSH Server, será criada uma chave pública e uma chave privada do seu host. Na versão 2 do SSH, são criados os seguintes arquivos:

```
/etc/ssh/ssh_host_rsa_key (chave privada RSA)
/etc/ssh/ssh_host_rsa_key.pub (chave pública RSA)
/etc/ssh/ssh_host_dsa_key (chave privada DSA)
/etc/ssh/ssh_host_dsa_key.pub (chave pública DSA)
/etc/ssh/ssh_host_ecdsa_key (chave privada ECDSA)
/etc/ssh/ssh_host_ecdsa_key.pub (chave pública ECDSA)
/etc/ssh/ssh_host_ed25519_key (chave privada Ed25519)
/etc/ssh/ssh_host_ed25519_key.pub (chave pública Ed25519)
```

Estas chaves não devem ser alteradas, pois são as chaves de criptografia de seu host. Se alguma destas chaves for alterada, as máquinas que você conectou não irão mais aceitar uma conexão sua, pois entenderão que alguém está se passando por você.

sshd_config

O arquivo de configuração principal do sshd é o **/etc/ssh/sshd_config**. É importante que este arquivo tenha permissão de leitura e gravação somente para o super usuário, pois ele contém informações sensíveis, como permitir a entrada do root ou apenas uma lista de usuários.

O arquivo sshd_config é muito rico em possibilidades de configurações.

Na prova você não será cobrado em saber alterar as opções, mas as seguintes informações são relevantes:

```
Protocol        2           # permite que somente o SSH2 seja
usado
Port            4999        # altera a porta padrão do SSH de 22
para outra
ForwardX11      no          # não permite login remote via X11
PermitRootLogin no          # não permite que o root entre
remotamente
MaxAuthTries    2           # define o número máximo de
tentativas de erro
AllowUsers      tom jerry   # define quais logins são permitidos
via ssh
```

Geralmente, por questões de segurança, não é comum permitir que o root faça acesso direto ao ssh, desta forma o administrador deve entrar com outra conta com privilégios normais e nos comandos que exigem o super-usuário utilizar o sudo.

Habiltar o sshd

Para iniciar o serviço de ssh servidor:

```
$ systemctl start sshd
```

Para habilitar o serviço na carga do sistema operacional:

```
$ systemctl enable sshd
```

ssh-agent e ssh-add

Os aplicativos ssh-agent e ssh-add podem ser utilizados para controlar a conexão ssh, de forma que o usuário não precise digitar sua senha de autenticação na máquina destino a cada conexão.

É necessário que a máquina destino tenha uma cópia da chave pública do usuário na pasta home/.ssh do usuário destino na máquina destino:

```
# scp /root/.ssh2/hostkeys/key.pub root@server:/root/.ssh
```

O comando "scp" faz uma cópia segura da chave pública criada com o ssh-keygen para o diretório "/root/.ssh" da máquina destino.

Feito isto, o comando "ssh-agent" mostra quais são as variáveis ambientais que precisam ser criadas e qual o PID do processo do agente SSH que irá controlar a conexão:

```
# ssh-agent
SSH_AUTH_SOCK=/tmp/ssh-lqMuRR398/agent.398; export SSH_AUTH_SOCK;
SSH_AGENT_PID=399; export SSH_AGENT_PID;
```

Copie e cole no shell o texto que o ssh-agent mostrou:

```
# SSH_AUTH_SOCK=/tmp/ssh-lqMuRR398/agent.398; export
SSH_AUTH_SOCK;
# SSH_AGENT_PID=399; export SSH_AGENT_PID;
```

Depois disso, é necessário executar o "ssh-add" e digitar a "passphrase" que foi digitada no ato da criação das chaves:

```
# ssh-add
Enter passphrase:
```

Desta forma, quando você for fazer uma conexão segura com a "maquinadestino", o ssh não irá perguntar sua senha.

```
# ssh root@maquinadestino
```

Outra forma de fazer isso é copiar o conteúdo da chave pública id_rsa.pub da máquina cliente para o arquivo **~/.ssh/authorized_keys** da máquina servidora. Desta forma quando o cliente necessitar entrar na máquina servidora, não será exigida senha.

Pessoalmente, eu não gosto de usar este método de acesso sem pedir senha. Uma vez que sua máquina esteja vulnerável, todas as máquinas em que você usa regularmente o acesso ssh via chaves também estará comprometido.

Usando Criptografia de Dados com GnuPG

GnuPG é uma aplicação do projeto GNU que implementa o OpenPGP tal como definido pela RFC4880. GnuPG permite criptografar e assinar os seus dados e mensagens, utilizando chaves públicas e privadas.

A idéia é você disponibilizar a sua chave pública para o mundo e manter a sua chave privada em sigilo.

Qualquer um com uma cópia de sua chave pública pode encriptar informações e enviá-las para você, porque só você poderá as mensagens. Também é possível assinar arquivos, de forma que qualquer pessoa com a sua chave pública é capaz de atestar que determinado arquivo ou mensagem veio de você.

A última versão do GnuPG pode ser instalada através do pacote **gnupg** da sua distribuição.

Feita a instalação, é preciso gerar as chaves do usuário com a opção "--gen-key" do comando gpg:

```
$ gpg --gen-key
```

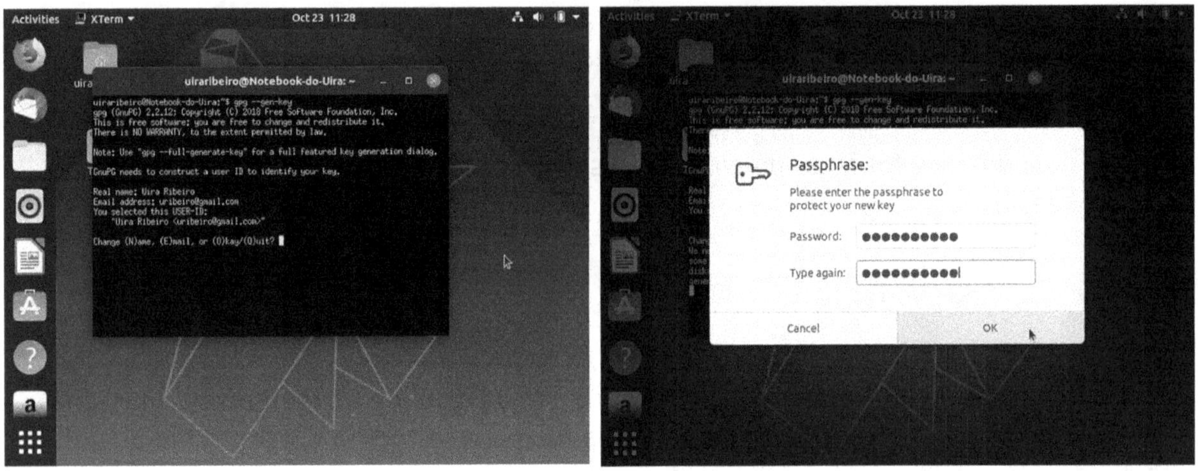

Figura 22 - gpg --gen-keys

Uma vez criada o par de chaves, deve-se exportar a chave pública para dar para outras pessoas, de modo que elas possam lhe enviar mensangens ou verificar a assinatura das mensagens que você enviou. Para exportar a chave pública, usa-se a opção "--export":

```
$ gpg --export uribeiro@gmail.com > uira.pub
```

Se quiser verificar o arquivo criado:

```
$ file uira.pub
uira.pub: PGP/GPG key public ring (v4) created Wed Oct 23
11:28:11 2019 RSA (Encrypt or Sign) 3072 bits
MPI=0xbfa4300b374fd596...
```

Para importar a chave de outras pessoas, usa-se]a opção "--import":

```
$ gpg --import chave.pub
```

Você poderá ver as chaves que foram criadas com o argumento "--list-keys"

```
$ gpg --list-keys
/home/uiraribeiro/.gnupg/pubring.kbx
------------------------------------
pub   rsa3072 2019-10-23 [SC] [expires: 2021-10-22]
      E725EE3678AB3C99D51C625646BFCC17E483A6E0
uid            [ultimate] Uira Ribeiro <uribeiro@gmail.com>
sub   rsa3072 2019-10-23 [E] [expires: 2021-10-22]
```

Você poderá colocar sua chave pública no seu site, ou enviá-la para seus amigos.

Uma vez importada uma chave pública de outra pessoa, ela pode ser validada através da verificação da sua assinatura digital:

```
$ gpg --edit-key carla@gmail.com
pub  1024D/9E98BC16  created: 1999-06-04 expires: never  trust: -
/q
sub  1024g/5C8CBD41  created: 1999-06-04 expires: never
(1)  Carla Cruz <carla@gmail.com>
Command> fpr
pub  1024D/9E98BC16 1999-06-04  Carla Cruz <carla@gmail.com>
Fingerprint: 268F 448F CCD7 AF34 183E  52D8 9BDE 1A08 9E98 BC16
```

A assinatura "fingerprint" deverá então ser verificada com o proprietário da chave pública, de forma que se garanta que aquela chave pública pertence mesmo ao seu verdadeiro dono. Isto evita que alguém possa criar uma chave pública fingindo ser outra pessoa.

Algumas vezes você pode apenas aceitar que a chave é mesmo da pessoa que a enviou para você, mesmo sem verificar a assinatura.

De qualquer forma, você pode assinar a chave pública importada com a sua chave:

```
$ gpg –edit-key carla@gmail.com
pub  1024D/9E98BC16  created: 1999-06-04 expires: never  trust: -
/q
sub  1024g/5C8CBD41  created: 1999-06-04 expires: never
(1)  Carla Cruz  <carla@gmail.com>
Command> sign
pub  1024D/9E98BC16  created: 1999-06-04 expires: never   trust:
-/q
Fingerprint: 268F 448F CCD7 AF34 183E  52D8 9BDE 1A08 9E98 BC16
```

Criptografia de Arquivos com GPG

Para criptografar um arquivo para enviar para uma determinada pessoa, você deverá ter a chave pública da pessoa importada e verificada.

A opção "--encrypt" é usada para criptografar os dados:

```
$ gpg --output documento.gpg --encrypt --recipient
carla@gmail.com  documento.pdf
```

Desta forma, o **documento.pdf** foi criptografado e salvo com o nome **documento.gpg**, que somente poderá ser lido pela Carla Cruz, que detém a chave privada.

Desta forma, a Carla, e somente a Carla, poderá ver o conteúdo do arquivo documento.gpg com a opção "--decrypt":

```
carla:~\# gpg --output arquivo.pdf --decrypt documento.gpg
```

Assinatura de Documentos

Você poderá também assinar documentos digitalmente, de forma que as pessoas possam verificar que um arquivo é mesmo proveniente de você e não foi alterado por ninguém.

Para assinar digitalmente um arquivo, usa-se a opção "--sign":

```
$ gpg --output documento.sig --sign documento.pdf
```

Desta forma, o arquivo será comprimido e a sua assinatura será adicionada.

Com a opção "--sign" o arquivo não está criptografado e qualquer um que tenha a sua chave pública poderá ver seu conteúdo e verificar sua assinatura.

Para verificar uma assinatura e ler o documento assinado, deve-se usar a opção "--decrypt":

```
$ gpg --output documento.pdf --decrypt documento.sig
```

Você também poderá assinar e-mails com uma assinatura em texto, usando a opção "--clearsign":

```
$ gpg --clearsign email.txt
```

Desta forma o texto será assinado com um hash:

```
-----BEGIN PGP SIGNED MESSAGE-----
Hash: SHA512
Este é um email de teste.
Abraços,
prof. Uirá Ribeiro
-----BEGIN PGP SIGNATURE-----
iQGzBAEBCgAdFiEE5yXuNnirPJnVHGJWRr/MF+SDpuAFAl2wadEACgkQRr/MF+SD
puAU9AwAkmQ/ffkJv0k2T1yq0VxuuG6ezxOulapr0dsFHCVWCXinYmjil/oNMamw
tZw4cDAKbdjMmP+3dg8a234dsFyN43AOiwznx8QPeJeMtWQNaWo9cg5THNZiKR5w
thsPMUC+3mcV0AqlGy3y5u9m4Uh6K97x+BjGc2XYkG6O3bocooSRTS3+rvDbGioR
3a84WtGY+YlgUsKlGhn4eUdfJ1+LxUNgUsSuT45CdDujB2VQXw3KK34/CGAxdctH
LBsI+DNrc/w/1lTjnmNpYGCdWjtQXAt8/DpXuI1GFJCZJmXD3Eu0gC7R7XTibcjU
CvMp5ovONTCGrnwkYXBSVwM/fZYKrcAManG5Vqyqepd7x6FVysxVPpbgPh/IKN51
RlfQeuF0+PjvqO5r3ShZxWvawnVh1kkEe2I0mYgW2aQWUdN7hC+zQZaHx6Gj3gIZ
```

```
MD1OJvCAuhW3yhBQV0EMOjotAhQC8NOfVrEKSSqD0yZs40kM+lwsNlJlNfLDMh3T
JIcAJGem
=TPYZ
-----END PGP SIGNATURE-----
```

A mesma opção "--decrypt" pode ser usada para verificar se a mensagem é autêntica e não foi alterada:

```
$ gpg  --decrypt email.asc
Este é um email de teste.
Abraços,
prof. Uirá Ribeiro
gpg: Signature made Wed 23 Oct 2019 11:55:13 AM -03
gpg:                using RSA key
E725EE3678AB3C99D51C625646BFCC17E483A6E0
gpg: Good signature from "Uira Ribeiro <uribeiro@gmail.com>"
[ultimate]
```

Revogar Chaves

Se você perdeu sua chave privada, ou caso alguém tenha tido acesso a sua chave privada, ou mesmo você tenha esquecido sua passphrase, você pode gerar uma revogação de chave.

A revogação de chave gera um certificado que deve ser distribuído alertando os usuários de que sua chave e assinatura atuais não são mais válidos.

```
$ gpg --output revoke.asc --gen-revoke minhachave
```

O argumento minhachave pode ser o ID da chave, ou o userID que identifica sua chave.

Este certificado de revogação é bem pequeno. Recomenda-se imprimi-lo e guardá-lo em local seguro e apagá-lo do computador.

Os arquivos do GnuPG residem no diretório HOME dos usuários, com o nome de **~/.gnupg/**

Resumo dos Comandos

Comando	Sintaxe	Exemplo	O que faz
alias	`$ alias apelido="comandos"`	`$ alias ll="ls -lga"`	O comando alias possibilita criarmos apelidos ou atalhos para os comandos. Ele pode ser utilizado para simplificar comandos com muitas opções ou executar diversos processos em sequência.
at	`$ at`	`# at -f comandos.txt teatime`	O comando at agenda tarefas.
atq	`$ atq`	`$ atq`	Visualiza os jobs do at.
atrm	`$ atrm job`	`$ atrm 4`	Remove um job.
chage	`# chage [opções] login_do_usuario`	`# chage –E 2016-05-23 cristiane`	O comando chage lida com a expiração senhas das contas de usuário.
crontab	`$ crontab [opções]`	`$ crontab -e`	O comando crontab serve para listar ou editar o arquivo do cron.
chronyc	`$ chronyc comando`	`$ chronyc sources`	O chronyc é um utilitário usado para monitorar o desempenho do chronyd e para alterar seu funcionamento enquanto ele está em execução.
date	`$ date [opções] [MMDDhhmm[[CC]YY][.ss]]`	`$ date`	O comando date pode ser utilizado para mostrar a data ou configurar a data do sistema.

Comando	Sintaxe	Exemplo	O que faz
dig	`$ dig endereço`	`$ dig certificacaolinux.com.br`	O comando dig (domain information groper) é uma poderosa e flexível ferramenta para busca de informações em servidores de resolução de nomes. Ela é usualmente utilizada para diagnosticar problemas de configuração de servidores.
env	`$ env VARIAVEL=valor programa`	`$ echo $HOME`	O comando env é utilizado para executar um programa enviando para ele uma variável ambiental.
exec	`$ exec comando`	`$ exec ifconfig`	O comando exec serve para invocar outros comandos, programas ou processos sem criar um processo filho, substituindo o processo atual pelo processo que se deseja executar.
export	`$ export [variável]`	`$ export LIVRO="Certificação Linux"`	O comando export serve para exportar as variáveis criadas para todos os processos filhos.
for	`$ for algo; do comando; comando2; done`	`$ for numero in um dois três quatro cinco; do echo $numero; done`	O shell possui estruturas para testar condições e executar determinadas sequências de programas várias vezes (loop), até que a condição testada seja satisfeita.

Comando	Sintaxe	Exemplo	O que faz
function	`$ [function] NOME () { comandos; }`	`# [function] NOME () { comandos; }`	Se você quiser que vários comandos sejam executados de uma só vez, mas sem a necessidade de se criar um arquivo de script, você pode usar o recurso de funções do Bash.
fuser	`# fuser [opções]`	`$ sudo fuser 22/tcp`	Usado para saber qual processo está usando determinado arquivo
getent	`$ getent base [conta de usuário]`	`$ getent passwd uiraribeiro`	O comando getent é utilizado para acessar as bases de dados de contas de usuário, senhas e grupos de usuários.
gpg	`$ gpg [opções] [arquivo]`	`$ gpg --output documento.gpg --encrypt --recipient carla@gmail.com`	Ferramenta para assinar ou criptografar documentos usando par de chaves.
groupadd	`# groupadd nome_do_grupo`	`# groupadd contabilidade`	O comando groupadd cria um novo grupo de usuários.
groupdel	`# groupdel nome_do_grupo`	`# groupdel contabilidade`	Este comando apaga um grupo de usuários do sistema.
groupmod	`# groupmod [opçãp] grupo`	`# groupmod -n vendas marketing`	O comando groupmod modifica as configurações de um grupo.
host	`$ host [ opções ] endereço`	`$ host www.certificacaolinux.com.br`	O comando host é utilizado para fazer buscas no serviço de resolução de nomes DNS.

Comando	Sintaxe	Exemplo	O que faz
hostname	`# hostname [nome_do_sistema]`	`# hostname`	Este comando mostra o nome local da máquina. Também pode ser utilizado para trocar o nome da máquina se um novo nome for fornecido como argumento.
hostnamectl	`$ hostnamectl [opções]`	`$ hostnamectl`	O utilitário hostnamectl pode ser usado para consultar e alterar o nome do host do sistema e as configurações relacionadas.
iconv	`$ iconv opções arquivo`	`$ iconv -f ISO-8859-1 -t UTF-8 –o saída.txt arquivo1.txt`	O comando iconv pode ser usado para converter diferentes tipos de arquivos para codificações diferentes.
if	`if [ expressão ]; then comando else comando fi`	`if [ $? = 0 ]; then echo "teste" fi`	Controles de fluxo (**if**) são comandos que testam algumas alternativas e, de acordo com o resultado, executam comandos.
ifconfig	`$ ifconfig [opções]`	`$ ifconfig`	Mostra ou altera configurações de interfaces de rede.
ifdown	`$ ifdown dispositivo`	`$ ifdown eth1`	Desabilita uma interface de rede.
ifup	`$ ifup dispositivo`	`$ ifup eth1`	Habilita uma interface de rede.
ip	`# ip [ opções ] Objeto { comando }`	`# ip addr show`	Este comando é uma poderosa ferramenta para mostrar e manipular as interfaces de rede, configurar endereços IP, alterar as tabelas de rotas e criar túneis.

Comando	Sintaxe	Exemplo	O que faz
journalctl	`$ journalctl [opções]`	`$ journalctl`	O comando journalctl pode ser utilizado para ler o journal do systemd. Quando nenhum parâmetrofor informado, o journalctl mostra o log do systemd, de forma paginada (geralmente utilizando o comando less).
Listas	`$ nomedalista=(conjunto de itens)`	`$ lista=(um dois três quatro cinco seis)`	O Bash possibilita que você crie listas (arrays) de variáveis, que podem ser utilizadas pelo Shell como listas de algum conteúdo.
logger	`# logger [-DSI] [-f arquivo] [-pri p] [-t tag] [-socket u] [Mensagem ... ]`	`# logger –p user.info "o usuário uribeiro ativou o circuito 3 da segurança"`	Utilitário para enviar mensagens para o rsyslogd. Essa ferramenta é útil para o administrador utilizar em seus scripts, de forma a enviar uma informação importante sobre algum evento para o sistema de Log.
locale	`$ locale`	`$ locale`	O comando locale informa variáveis ambientais de localização.
lp	`$ lp arquivo`	`$ lp arquivo`	Imprime arquivos.
lpc	`$ lpc comando`	`$ lpc status`	Comando de administração e controle da fila de impressão.
lpq	`$ lpq`	`$ lpq`	Este comando mostra o status da fila (queue) de impressão

Comando	Sintaxe	Exemplo	O que faz
lpr	`$ lpr arquivo`	`$ lpr arquivo`	É também conhecido como line print. Ele envia trabalhos para a fila de impressão.
lprm	`$ lprm`	`$ lprm`	Este comando remove (rm) trabalhos da fila de impressão.
lsof	`$ lsof [opções]`	`$ lsof -i`	O comando lsof filtra os arquivos em aberto.
mail	`$ mail`	`$ mail`	O utilitário mail pode ser utilizado para ler os e-mails no terminal e também utilizadopara enviar e-mails do terminal. Se nenhum parâmetro for informado, o mail irá ler acaixa postal do usuário logado.
mailq	`$ mailq`	`$ mailq`	O comando mailq exibe o conteúdo da fila de mensagens.
netcat	`$ netcat [ opções ] ip [ porta ]`	`$ nc google.com 80`	O comando netcat ou nc é um utilitário utilizado para fazer "quase tudo" quando se trata dos protocolos TCP e UDP. Ele pode ser usado para abrir conexões TCP, enviar pacotes UDP, escutar qualquer porta TCP ou UDP e escanear as portas abertas de um host.
netstat	`$ netstat [opções]`	`$ sudo netstat -tunlp`	Mostra as conexões de rede.
newaliases	`# newaliases`	`# newaliases`	Compila o banco de dados de aliases do sendmail.

Comando	Sintaxe	Exemplo	O que faz
nmap	`$ nmap [opções] alvo`	`$ nmap localhost`	O nmap é uma ferramenta poderosa para descobrir as portas abertas em hosts locais ou remotos. Ele pode ser instalado com qualquer gerenciador de pacotes. Ao contrário das ferramentas netstat, ss e lsof que verificam os sockets ou arquivos em aberto, o nmap faz uma busca por portas em aberto pelo método "tentativa e erro", tentando se conectar nas portas conhecidas, e se encontra uma aberta, ele verifica qual o tipo de serviço a porta serve.
nmcli	`$ nmcli [parâmetros]`	`$ nmcli device wifi list`	Este utilitário pode ser utilizado para configurar redes cabeadas e sem fio do Linux, através do serviço do Network Manager.
ntpdate	`$ ntpdate`	`$ ntpdate`	O comando ntpdate pode ser utilizado para sincronizar o relógio num determinado momento, mesmo que o serviço de NTP não esteja ativo.

Comando	Sintaxe	Exemplo	O que faz
ntpq	`$ ntpq`	`$ ntpq -p`	O utilitátio ntpq pode ser utilizado para fazer queries em servidores de NTP. Ele pode ser usado no modo interativo, em que um prompt será apresentado ou usando parâmetros.
passwd	`# passwd [opção] login_do_usuario`	`# passwd uira`	O comando passwd altera senha de uma determinada conta de usuário. Se a conta de usuário não for fornecida como parâmetro o passwd muda a senha da conta utilizada no momento.
ping e ping6	`# ping ip`	`$ ping 192.168.1.1`	O comando ping utiliza o protocolo **ICMP** para enviar mensagens ECHO REQUEST e receber ECHO RESPONSE para testar a conexão entre o host e outra máquina na rede.
read	`read variável`	`read nome`	O comando read é responsável por receber dados que são digitados pelos usuários via teclado durante a execução de um script.
seq	`$ seq primeiro incremento ultimo`	`$ seq 5`	O comando seq imprime uma sequência de números, dentro de um intervalo informado, com a possibilidade de um incremento definido.

Comando	Sintaxe	Exemplo	O que faz
set	`$ set [variável]`	`$ set`	O comando set informa uma lista de todas as variáveis locais, variáveis ambientais e funções do shell. Também altera o funcionamento do shell.
source	`$ source arquivo [argumentos]`	`$ source funcoes.sh`	O comando source é utilizado para ler um arquivo de biblioteca com várias funções para o shell em um arquivo de script ou o prompt de comandos. Ele procura por arquivos de biblioteca localizados nos diretórios da variável PATH ou de um arquivo específico.
ss	`$ ss [opções]`	`$ ss -s`	O comando **ss** é extremamente útil para investigar os sockets, fornecendo várias informações sobre a rede. Ele é a evolução do comando netstat do antigo Net-tools.
ssh	`$ ssh nome@endereço`	`$ ssh uira@server1`	O ssh é o cliente de conexão SSH.
ssh-add	`$ sshd-add`	`$ ssh-add`	Adiciona a chave privada ao agente de autenticação.
ssh-agent	`$ ssh-agent`	`$ ssh-agent`	Mostra quais são as variáveis ambientais que precisam ser criadas e qual o PID do processo do agente SSH que irá controlar a conexão.

Comando	Sintaxe	Exemplo	O que faz
su	`$ su [opções] [-] [usuário]`	`$ su -`	O comando su executa o shell como se fosse outro usuário.
sudo	`$ sudo [opções] comando`	`$ sudo su -`	O comando sudo executa um determinado comando como se fosse outro usuário.
systemd-cat	`$ systemd-cat`	`$ echo "mensagem" | systemd-cat`	Similar ao logger, o journal também possui uma ferramenta capaz de enviarmensagens para o Journal. Este tipo de ferramenta é últil para o administrador enviar algo importante para o sistema de Log, especialmente usado nos scripts deadministração e manutenção do sistema.
systemd-run	`$ systemd-run [opções] comando`	`$ systemd-run --on-active=30 /bin/touch /tmp/arquivo`	É utilizado para criar units de tempo transientes (passageiras), que irão executar uma única vez numa determinada data, sem a necessidade de se criar uma unidade de serviço

Comando	Sintaxe	Exemplo	O que faz
test	`$ test condição`	`$ test -d /usr/src`	O comando test é uma grande ferramenta para testar condições. Com base navariável de retorno do comando test, lógicas de programação podem ser montadas para executar algo se uma condição for satisfeita ou não.
timedatectl	`$ timedatectl`	`# timedatectl`	O gerenciador de serviços Systemd também tem serviço de configuração da Zona deFuso Horário.
tracepath e tracepath6	`$ tracepath ip`	`$ tracepath www.kernel.org`	O tracepath traça um caminho entre o host e um endereço de rede e tenta descobrir qual é o MTU (Unidade Máxima de Transmissão). O tracepath é um bom substituto do traceroute.
traceroute e traceroute6	`# traceroute [opções] ip`	`$ traceroute www.kernel.org`	Este comando retorna os endereços das máquinas e outros dispositivos de rede por onde os pacotes passam para chegar a um determinado destino. Este caminho é conhecido como rota de endereços.
tzselect	`$ tzselect`	`$ tzselect`	O utilitário tzselect pode ser utilizado para escolher a zona de fuso horário e mostralqual é o valor correto para a variável TZ.

Comando	Sintaxe	Exemplo	O que faz
ulimit	`$ ulimit [opções] recurso`	`$ ulimit -a`	O utilitário ulimit configura ou mostra as configurações sobre o uso dos recursos no sistema, como tamanho dos arquivos que podem ser salvos pelo shell ou por processos filhos.
unset	`$ unset [variável]`	`$ unset LIVRO`	O comando unset apaga uma variável ambiental da memória.
useradd	`# useradd [opções] login_do_usuário`	`$ useradd uira`	O comando useradd cria contas de usuário no sistema. Seu único parâmetro obrigatório é o login do usuário.
userdel	`# userdel [opção] login_do_usuário`	`# userdel –r arthur`	O comando userdel remove a conta de um determinado usuário do sistema. Ele remove a conta dos arquivos /etc/passwd, /etc/shadow e /etc/group.
usermod	`# usermod [opcões] login_do_usuario`	`# usermod –c "ArthurRibeiro" arthur`	O comando usermod modifica as configurações de uma determinada conta de usuário.

Comando	Sintaxe	Exemplo	O que faz
xauth	`$ xauth lista`	`$ xauth lista`	O método XAuth de controle de acesso garante que os aplicativos X tenham autorização antes de permitir que eles se conectem a um servidor X.As credenciais de autorização assumem a forma de um "cookie mágico" específicopara exibição que o aplicativo X deve apresentar ao servidor X. Se o cookie coincidir com o que o servidor tem, então ele permitirá o acesso a esse aplicativo.
xhost	`$ xhost`	`$ xhost +notebook2.certificacaolinux.com.br`	O aplicativo xhost é um programa de controle de acesso ao X Server, que pode ser utilizado para adicionar ou apagar hostnames ou usuários na lista de permissões deacesso ao X Window Server.
w	`$ w`	`$ w`	O utilitário w também fornece uma lista de quais usuários estão conectados, mas com outros detalhes:
while	`$ while [ expressão ] ; do comando; comando; done`	`$ while [ $i -lt 4 ]; do echo "conta $i" ; i=$[$i+1]; done`	O while testa continuamente uma expressão, até que uma expressão tenha variável de retorno igual diferente de zero ou falso.

Comando	Sintaxe	Exemplo	O que faz
who	`$ who`	`$ who`	O utilitário who pode ser utilizado para mostrar quais são os usuários logados no sistema.
w	`$ w`	`$ w`	O utilitário who pode ser utilizado para mostrar quais são os usuários logados no sistema, com outras informações além daquelas disponibilizadas pelo who.

"Totó, acho que não estamos mais no Kansas." -- Frase do filme O Mágico de Oz.

Índice